交通强国系列丛书

交通强国建设纲要学习读本

本书编写组　编著

人民交通出版社股份有限公司
北　京

图书在版编目（CIP）数据

交通强国建设纲要学习读本 /《交通强国建设纲要学习读本》编写组编著 . — 北京：人民交通出版社股份有限公司，2020.3

ISBN 978-7-114-16280-0

Ⅰ . ①交… Ⅱ . ①交… Ⅲ . ①交通运输发展—中国—学习参考资料 Ⅳ . ①F512.3

中国版本图书馆 CIP 数据核字（2020）第 034734 号

交通强国系列丛书
Jiaotong Qiangguo Jianshe Gangyao Xuexi Duben

书　　名：	交通强国建设纲要学习读本
著 作 者：	本书编写组
责任编辑：	韩亚楠　崔　建
责任校对：	孙国靖　龙　雪
责任印制：	张凯
出版发行：	人民交通出版社股份有限公司
地　　址：	（100011）北京市朝阳区安定门外外馆斜街 3 号
网　　址：	http：//www.ccpress.com.cn
销售电话：	（010）59757973
总 经 销：	人民交通出版社股份有限公司发行部
经　　销：	各地新华书店
印　　刷：	中国电影出版社印刷厂
开　　本：	720×960　1/16
印　　张：	12.5
字　　数：	210 千
版　　次：	2020 年 3 月　第 1 版
印　　次：	2021 年 4 月　第 2 次印刷
书　　号：	ISBN 978-7-114-16280-0
定　　价：	48.00 元

（有印刷、装订质量问题的图书由本公司负责调换）

本书编写人员

杨传堂　李小鹏　冯正霖

胡祖才　王　曦　辛国斌　杜航伟　汤　涛　赵　龙
赵英民　黄　艳　余欣荣　王炳南　王晓峰　孙华山
何华武　朱鹤新　黄　民　马军胜　宋福龙　戴东昌
刘小明　刘振芳　王志清　于春孝　董志毅　周　伟
姜明宝　李天碧

编写组办公室人员

张大为　陈　钟　刘　东　高　飞　左天立　李　乾
邢虎松

出 版 说 明

建设交通强国是以习近平同志为核心的党中央立足国情、着眼全局、面向未来作出的重大战略决策，是建设现代化经济体系的先行领域，是全面建成社会主义现代化强国的重要支撑。中共中央、国务院对此高度重视，为加快推进交通强国建设，2018年5月，成立了由刘鹤副总理任组长、交通运输部牵头、20个相关部门参加的交通强国建设纲要起草组，负责《交通强国建设纲要》的起草工作。2019年9月，《交通强国建设纲要》经中共中央、国务院批准正式印发。

为更好地学习贯彻习近平新时代中国特色社会主义思想和党的十九大精神，深入落实习近平总书记关于"加快建设交通强国"的重要指示，宣传交通强国建设，帮助广大干部和群众深刻领会交通强国建设重大意义、准确把握《交通强国建设纲要》内容，指导各地交通强国建设，特编写本书。书中收录了习近平总书记关于交通运输的重要论述，起草组各成员单位结合各自职能对交通强国建设的深入理解等相关文章。本书对于广大读者全面、客观、准确地了解交通强国建设具有一定的参考价值。

本书编写组
2020年2月

目 录

习近平总书记关于交通运输的重要论述 ················ 1
中共中央 国务院印发《交通强国建设纲要》 ············ 7
奋力建设交通强国 杨传堂 李小鹏 ················ 17
加快建设交通强国 杨传堂 李小鹏 ················ 21
全面加强党的建设 为交通强国建设
  提供坚强政治保证 杨传堂 李小鹏 ··········· 28
奋力开拓交通强国建设的新局面 胡祖才 ············· 35
科技创新加快动能转换 支撑引领交通强国建设 王曦 ····· 41
推动交通装备高质量发展 为交通强国建设
  提供关键基础支撑 辛国斌 ················ 49
坚持以人民为中心 大力预防和减少道路交通事故
  持续推进道路交通安全现代治理体系建设 杜航伟 ··· 54
打造精良专业、创新奉献的人才队伍
  为交通强国建设发挥保障引领作用 汤涛 ········ 64
科学编制国土空间规划 有力推动交通强国建设 赵龙 ···· 68
打好柴油货车污染治理攻坚战 建设绿色交通运输体系 赵英民 ··· 74
构建可持续的城市综合交通体系 推动城市建设高质量发展 黄艳 ··· 81
构建农村现代交通网络 强化乡村振兴基础支撑 余欣荣 ··· 89
打造现代物流体系 服务交通强国建设 王炳南 ········ 95
推动交通与旅游融合发展 王晓峰 ················ 101
增强交通应急救援能力 孙华山 ················· 108
把握交通强国建设的关键突破点 何华武 ············ 112
加强金融服务支持 助力交通强国建设 朱鹤新 ········ 119
奋勇担当交通强国铁路先行历史使命 推动我国铁路
  实现高质量发展 黄民 ·················· 122

坚持人民邮政为人民　奋力书写现代化邮政强国新篇章　马军胜 ……… 131

构建交通运输对外开放新格局　戴东昌 …………………………… 136

奋力谱写运输服务高质量发展新篇章　刘小明 …………………… 142

构建现代化综合交通体系　为加快建设交通强国
　提供坚实支撑　王志清 …………………………………………… 153

把握交通强国铁路篇内涵　推动铁路高质量发展　于春孝 ……… 159

加快新时代民航强国建设　发挥民航在交通强国建设中的
　战略支撑作用　董志毅 …………………………………………… 164

加快构建与交通强国相适应的现代化交通运输
　治理体系和治理能力　周伟 ……………………………………… 168

推进公路交通转型提质升级　助力交通强国建设　姜明宝 ……… 175

奋力推进交通强国水运篇建设　李天碧 …………………………… 185

习近平总书记关于交通运输的重要论述

党的十八大以来,习近平总书记对交通运输发展作出一系列重要论述。这是习近平新时代中国特色社会主义思想的有机组成部分,也是建设交通强国的根本遵循和行动指南。我们要以此指导交通强国建设,为决胜全面建成小康社会、建成社会主义现代化强国当好先行。

一、习近平总书记关于建设交通强国的重要论述

2017年10月18日,习近平总书记在党的十九大报告中强调建设交通强国。2018年10月20日,习近平总书记致电祝贺国产大型水陆两栖飞机AG600水上首飞成功时指出,希望各有关方面继续弘扬航空报国精神,切实贯彻新发展理念,奋力推动创新发展,再接再厉,大力协同,确保项目研制成功,继续为满足我国应急救援体系和国家自然灾害防治体系建设需要、实现建设航空强国目标而奋斗。2018年11月6日,总书记在上海考察时指出,经济强国必定是海洋强国、航运强国。洋山港建成和运营,为上海加快国际航运中心和自由贸易试验区建设、扩大对外开放创造了更好条件。要有勇创世界一流的志气和勇气,要做就做最好的,努力创造更多世界第一。2019年1月17日,习近平总书记在天津港码头考察时强调,国家要发展,经济是第一要务。经济要发展,交通要先行。2019年9月25日,习近平总书记出席投运仪式并宣布北京大兴国际机场正式投入运营时指出,要建设更多更先进的航空枢纽、更完善的综合交通运输系统,加快建设交通强国。

二、习近平总书记关于交通运输深化供给侧结构性改革的重要论述

习近平总书记对于交通运输深化供给侧结构性改革高度重视，多次作出重要论述。2016年9月，习近平总书记强调，推进供给侧结构性改革，促进物流业"降本增效"，交通运输大有可为。在党的十九大报告中，习近平总书记强调，加强水利、铁路、公路、水运、航空、管道、电网、信息、物流等基础设施网络建设。2018年7月，习近平总书记在中央政治局会议上强调，要把补短板作为当前深化供给侧结构性改革的重点任务，加大基础设施领域补短板的力度，增强创新力、发展新动能，打通去产能的制度梗阻，降低企业成本。2018年12月，总书记在中央经济工作会议上强调，降低全社会各类营商成本，加大基础设施等领域补短板力度。会上习近平总书记还强调，加大城际交通、物流、市政基础设施等投资力度，补齐农村基础设施和公共服务设施建设短板。

三、习近平总书记关于建设现代综合交通运输体系的重要论述

习近平总书记指出，要加快形成安全、便捷、高效、绿色、经济的综合交通体系。习近平总书记强调，要把交通一体化作为推进京津冀协同发展的先行领域，通盘考虑、统筹规划、共同推进区域重大基础设施建设和交通格局优化，科学规划并建设现代化、智能化的交通网络体系，加快构建三地快速、便捷、高效、安全、大容量、低成本的互联互通综合交通网络，为京津冀协同发展提供坚实基础和保障条件。习近平总书记指出，综合交通运输进入了新的发展阶段，在体制机制上、方式方法上、工作措施上都要勇于创新、敢于创新、善于创新。习近平总书记强调，我们国家物流费用成本偏高，这其中就有运输效率不高问题，究其原因，主要是各种运输方式各自为政发展，各种交通运输方式衔接协调不畅、彼此结构不平衡不合理导致的。沿长江通道集合了各种类型的交通运输方式，要注意加强衔接协调，提高整体效率。

四、习近平总书记关于交通脱贫攻坚、建设"四好农村路"的重要论述

习近平总书记高度重视交通运输在扶贫脱贫攻坚工作中的重要作用。总

书记指出，贫困地区要脱贫致富，改善交通等基础设施条件很重要。习近平总书记指示，特别是在一些贫困地区，改一条溜索、修一段公路就能给群众打开一扇脱贫致富的大门。习近平总书记指出，"要想富，先修路"不过时，沿海地区要想富也要先建港。总书记强调，实现扶贫脱贫要多措并举，路、水、电等基础设施是重要方面。要逐步消除制约农村发展的交通瓶颈，为广大农民脱贫致富奔小康提供更好的保障。习近平总书记特别重视农村公路在脱贫攻坚中的重要作用，党的十八大以来先后三次作出重要指示批示，充分肯定了农村公路发展成效。习近平总书记指出，近年来，"四好农村路"建设取得了实实在在的成效，为农村特别是贫困地区带去了人气、财气，也为党在基层凝聚了民心。习近平总书记要求，要从实施乡村振兴战略、打赢脱贫攻坚战的高度，进一步深化对建设农村公路重要意义的认识，聚焦突出问题，完善政策机制，既要把农村公路建好，更要管好、护好、运营好，为广大农民致富奔小康、为加快推进农业农村现代化提供更好保障。在推动乡村振兴方面，习近平总书记指出，要走城乡融合发展之路，向改革要动力，加快建立健全城乡融合发展体制机制和政策体系，健全多元投入保障机制，增加对农业农村基础设施建设投入，加快城乡基础设施互联互通，推动人才、土地、资本等要素在城乡间双向流动。

五、习近平总书记关于交通运输服务国家重大战略的重要论述

党的十八大以来，习近平总书记多次在研究部署国家重大战略时，对交通运输工作作出重要论述。在推进京津冀协同发展和雄安新区高质量发展方面，习近平总书记指出，交通一体化是京津冀协同发展的骨骼系统。要着力构建现代化交通网络系统，把交通一体化作为先行领域，加快构建快速、便捷、高效、安全、大容量、低成本的互联互通综合交通网络。建设雄安新区是千年大计，要加快构建快捷高效交通网，打造绿色交通体系。坚持高质量发展要求，努力创造新时代高质量发展的标杆。在推动长江经济带绿色发展方面，总书记指出，要以共抓大保护、不搞大开发为导向推动长江经济带发展。沿长江通道集合了各种类型的交通运输方式，要注意加强衔接协调，提高整体效率。要完善省际协商合作机制，协调解决跨区域基础设施互联互通、

流域管理统筹协调的重大问题。在推进粤港澳大湾区建设方面，习近平总书记指出，要以粤港澳大湾区建设、粤港澳合作、泛珠三角区域合作等为重点，全面推进内地同香港、澳门互利合作。对港珠澳大桥这样的重大工程，既要高质量建设好，全力打造精品工程、样板工程、平安工程、廉洁工程，又要用好管好大桥，为粤港澳大湾区建设发挥重要作用。在长江三角洲区域一体化发展方面，习近平总书记指出，要着力落实新发展理念，构建现代化经济体系，推进更高起点的深化改革和更高层次的对外开放，同"一带一路"建设、京津冀协同发展、长江经济带发展、粤港澳大湾区建设相互配合，完善中国改革开放空间布局。在支持海南全面深化改革开放方面，习近平总书记指出，要实施一批重大基础设施工程，提高基础设施网络化智能化水平，加密海南直达全球主要客源地的国际航线，加快构建现代基础设施体系。

六、习近平总书记关于交通运输对外开放的重要论述

习近平总书记高度重视交通运输在对外开放和"一带一路"建设中的作用。习近平总书记深刻指出，互联互通是贯穿"一带一路"的血脉。实现互联互通，要以亚洲国家为重点方向，以交通基础设施为突破口。"互联互通是一条脚下之路，无论是公路、铁路、航路还是网络，路通到哪里，我们的合作就在哪里"。习近平总书记强调，连接义乌和马德里的中欧班列为两国货物运输提供更多选择，成为共建"一带一路"的早期收获。习近平总书记指出，支持中国企业以投建营一体化等模式参与非洲基础设施建设，重点加强能源、交通、信息通信、跨境水资源等合作。习近平总书记强调，要加快地区贸易便利化进程，加紧落实国际道路运输便利化协定等合作文件。习近平总书记要求，重点提升跨境基础设施互联互通、贸易和投资自由化便利化水平。习近平总书记指出，要善用巴拿马运河，不断优化物流运输，为促进国家航运事业和全球繁荣作出更大贡献。

七、习近平总书记关于交通运输安全发展的重要论述

习近平总书记高度重视交通运输领域的安全生产，多次作出重要指示批示。习近平总书记指出，要坚持人民利益至上，始终把安全生产放在首要

位置。

习近平总书记强调,坚持管行业必须管安全、管业务必须管安全,管生产必须管安全,而且要党政同责、一岗双责、齐抓共管。2018年9月30日,习近平总书记在会见四川航空"中国民航英雄机组"全体成员时指出,安全是民航业的生命线,任何时候任何环节都不能麻痹大意。民航主管部门和有关地方、企业要牢固树立以人民为中心的思想,正确处理安全与发展、安全与效益的关系,始终把安全作为头等大事来抓。要加大隐患排查和整治力度,完善风险防控体系,健全监管工作机制,加强队伍作风和能力建设,切实把安全责任落实到岗位、落实到人头,确保民航安全运行平稳可控。

八、习近平总书记关于弘扬新时代交通精神的重要论述

2014年8月,川藏、青藏公路通车60周年之际,习近平总书记在批示中指出,当年,11万军民在极其艰苦的条件下团结奋斗,创造了世界公路史上的奇迹,结束了西藏没有公路的历史。60年来,在建设和养护公路的过程中,形成和发扬了一不怕苦、二不怕死,顽强拼搏、甘当路石,军民一家、民族团结的"两路"精神。习近平总书记要求,新形势下,要继续弘扬"两路"精神。2016年9月,习近平总书记再次强调,"两路"精神充分体现了交通运输系统的风采,在新形势下要进一步弘扬并创新、发展,逢山开路、遇水架桥,克服困难、勇攀高峰,为两个百年奋斗目标的实现作出更大的贡献。2018年9月30日,习近平总书记在人民大会堂会见四川航空"中国民航英雄机组"全体成员时强调,要学习川航"中国民航英雄机组"事迹,弘扬英雄精神,把非凡的英雄精神体现在平凡的工作岗位上。2018年10月10日,在中央财经委员会第三次会议上,习近平总书记强调,要发扬"两路"精神和青藏铁路精神,高起点高标准高质量推进工程规划建设。2018年10月23日,在港珠澳大桥开通仪式上,习近平总书记指出,港珠澳大桥的建设创下多项世界之最,非常了不起,体现了一个国家逢山开路、遇水架桥的奋斗精神,体现了我国综合国力、自主创新能力,体现了勇创世界一流的民族志气。这是一座圆梦桥、同心桥、自信桥、复兴桥。

九、习近平总书记关于交通运输党的建设的重要论述

习近平总书记高度重视交通运输系统党的建设工作。2016年9月,总书记就履行"两个责任"、加强党的建设,提出了明确要求。

习近平总书记在作党的十九大报告时指出,新时代党的建设总要求是:坚持和加强党的全面领导,坚持党要管党、全面从严治党,以加强党的长期执政能力建设、先进性和纯洁性建设为主线,以党的政治建设为统领,以坚定理想信念宗旨为根基,以调动全党积极性、主动性、创造性为着力点,全面推进党的政治建设、思想建设、组织建设、作风建设、纪律建设,把制度建设贯穿其中,深入推进反腐败斗争,不断提高党的建设质量,把党建设成为始终走在时代前列、人民衷心拥护、勇于自我革命、经得起各种风浪考验、朝气蓬勃的马克思主义执政党。习近平总书记指出,中央和国家机关首先是政治机关,必须旗帜鲜明讲政治,坚定不移加强党的全面领导,坚持不懈推进党的政治建设。

中共中央 国务院
印发《交通强国建设纲要》

近日，中共中央、国务院印发了《交通强国建设纲要》，并发出通知，要求各地区各部门结合实际认真贯彻落实。

《交通强国建设纲要》全文如下。

建设交通强国是以习近平同志为核心的党中央立足国情、着眼全局、面向未来作出的重大战略决策，是建设现代化经济体系的先行领域，是全面建成社会主义现代化强国的重要支撑，是新时代做好交通工作的总抓手。为统筹推进交通强国建设，制定本纲要。

一、总体要求

（一）指导思想。以习近平新时代中国特色社会主义思想为指导，深入贯彻党的十九大精神，紧紧围绕统筹推进"五位一体"总体布局和协调推进"四个全面"战略布局，坚持稳中求进工作总基调，坚持新发展理念，坚持推动高质量发展，坚持以供给侧结构性改革为主线，坚持以人民为中心的发展思想，牢牢把握交通"先行官"定位，适度超前，进一步解放思想、开拓进取，推动交通发展由追求速度规模向更加注重质量效益转变，由各种交通方式相对独立发展向更加注重一体化融合发展转变，由依靠传统要素驱动向更加注重创新驱动转变，构建安全、便捷、高效、绿色、经济的现代化综合交通体系，打造一流设施、一流技术、一流管理、一流服务，建成人民满意、保障有力、世界前列的交通强国，为全面建成社会主义现代化强国、实现中华民族伟大复兴中国梦提供坚强支撑。

（二）发展目标

到 2020 年，完成决胜全面建成小康社会交通建设任务和"十三五"现代综合交通运输体系发展规划各项任务，为交通强国建设奠定坚实基础。

从 2021 年到本世纪中叶，分两个阶段推进交通强国建设。

到 2035 年，基本建成交通强国。现代化综合交通体系基本形成，人民满意度明显提高，支撑国家现代化建设能力显著增强；拥有发达的快速网、完善的干线网、广泛的基础网，城乡区域交通协调发展达到新高度；基本形成"全国 123 出行交通圈"（都市区 1 小时通勤、城市群 2 小时通达、全国主要城市 3 小时覆盖）和"全球 123 快货物流圈"（国内 1 天送达、周边国家 2 天送达、全球主要城市 3 天送达），旅客联程运输便捷顺畅，货物多式联运高效经济；智能、平安、绿色、共享交通发展水平明显提高，城市交通拥堵基本缓解，无障碍出行服务体系基本完善；交通科技创新体系基本建成，交通关键装备先进安全，人才队伍精良，市场环境优良；基本实现交通治理体系和治理能力现代化；交通国际竞争力和影响力显著提升。

到本世纪中叶，全面建成人民满意、保障有力、世界前列的交通强国。基础设施规模质量、技术装备、科技创新能力、智能化与绿色化水平位居世界前列，交通安全水平、治理能力、文明程度、国际竞争力及影响力达到国际先进水平，全面服务和保障社会主义现代化强国建设，人民享有美好交通服务。

二、基础设施布局完善、立体互联

（一）建设现代化高质量综合立体交通网络。以国家发展规划为依据，发挥国土空间规划的指导和约束作用，统筹铁路、公路、水运、民航、管道、邮政等基础设施规划建设，以多中心、网络化为主形态，完善多层次网络布局，优化存量资源配置，扩大优质增量供给，实现立体互联，增强系统弹性。

强化西部地区补短板，推进东北地区提质改造，推动中部地区大通道大枢纽建设，加速东部地区优化升级，形成区域交通协调发展新格局。

（二）构建便捷顺畅的城市（群）交通网。建设城市群一体化交通网，推进干线铁路、城际铁路、市域（郊）铁路、城市轨道交通融合发展，完善城市群快速公路网络，加强公路与城市道路衔接。尊重城市发展规律，立足促进城市的整体性、系统性、生长性，统筹安排城市功能和用地布局，科学制定和实施城市综合交通体系规划。推进城市公共交通设施建设，强化城市轨道交通与其他交通方式衔接，完善快速路、主次干路、支路级配和结构合理的城市道路网，打通道路微循环，提高道路通达性，完善城市步行和非机动车交通系统，提升步行、自行车等出行品质，完善无障碍设施。科学规划建设城市停车设施，加强充电、加氢、加气和公交站点等设施建设。全面提升城市交通基础设施智能化水平。

（三）形成广覆盖的农村交通基础设施网。全面推进"四好农村路"建设，加快实施通村组硬化路建设，建立规范化可持续管护机制。促进交通建设与农村地区资源开发、产业发展有机融合，加强特色农产品优势区与旅游资源富集区交通建设。大力推进革命老区、民族地区、边疆地区、贫困地区、垦区林区交通发展，实现以交通便利带动脱贫减贫，深度贫困地区交通建设项目尽量向进村入户倾斜。推动资源丰富和人口相对密集贫困地区开发性铁路建设，在有条件的地区推进具备旅游、农业作业、应急救援等功能的通用机场建设，加强农村邮政等基础设施建设。

（四）构筑多层级、一体化的综合交通枢纽体系。依托京津冀、长三角、粤港澳大湾区等世界级城市群，打造具有全球竞争力的国际海港枢纽、航空枢纽和邮政快递核心枢纽，建设一批全国性、区域性交通枢纽，推进综合交通枢纽一体化规划建设，提高换乘换装水平，完善集疏运体系。大力发展枢纽经济。

三、交通装备先进适用、完备可控

（一）加强新型载运工具研发。实现3万吨级重载列车、时速250公里级高速轮轨货运列车等方面的重大突破。加强智能网联汽车（智能汽车、自动驾驶、车路协同）研发，形成自主可控完整的产业链。强化大中型邮轮、大型液化天然气船、极地航行船舶、智能船舶、新能源船舶等自主设计建造能力。完善民用飞机产品谱系，在大型民用飞机、重型直升机、通用航空器等方面取得显著进展。

（二）加强特种装备研发。推进隧道工程、整跨吊运安装设备等工程机械装备研发。研发水下机器人、深潜水装备、大型溢油回收船、大型深远海多功能救助船等新型装备。

（三）推进装备技术升级。推广新能源、清洁能源、智能化、数字化、轻量化、环保型交通装备及成套技术装备。广泛应用智能高铁、智能道路、智能航运、自动化码头、数字管网、智能仓储和分拣系统等新型装备设施，开发新一代智能交通管理系统。提升国产飞机和发动机技术水平，加强民用航空器、发动机研发制造和适航审定体系建设。推广应用交通装备的智能检测监测和运维技术。加速淘汰落后技术和高耗低效交通装备。

四、运输服务便捷舒适、经济高效

（一）推进出行服务快速化、便捷化。构筑以高铁、航空为主体的大容量、高效率区际快速客运服务，提升主要通道旅客运输能力。完善航空服务网络，逐步加密机场网建设，大力发展支线航空，推进干支有效衔接，提高航空服务能力和品质。提高城市群内轨道交通通勤化水平，推广城际道路客运公交化运行模式，打造旅客联程运输系统。加强城市交通拥堵综合治理，优先发展城市公共交通，鼓励引导绿色公交出行，合理引导个体机动化出行。推进城乡客运服务一体化，提升公共服务均等化水平，保障城乡居民行有所乘。

（二）打造绿色高效的现代物流系统。优化运输结构，加快推进港口集疏运铁路、物流园区及大型工矿企业铁路专用线等"公转铁"重点项目建设，推进大宗货物及中长距离货物运输向铁路和水运有序转移。推动铁水、公铁、公水、空陆等联运发展，推广跨方式快速换装转运标准化设施设备，形成统一的多式联运标准和规则。发挥公路货运"门到门"优势。完善航空物流网络，提升航空货运效率。推进电商物流、冷链物流、大件运输、危险品物流等专业化物流发展，促进城际干线运输和城市末端配送有机衔接，鼓励发展集约化配送模式。综合利用多种资源，完善农村配送网络，促进城乡双向流通。落实减税降费政策，优化物流组织模式，提高物流效率，降低物流成本。

（三）加速新业态新模式发展。深化交通运输与旅游融合发展，推动旅游专列、旅游风景道、旅游航道、自驾车房车营地、游艇旅游、低空飞行旅游等发展，完善客运枢纽、高速公路服务区等交通设施旅游服务功能。大力发展共享交通，打造基于移动智能终端技术的服务系统，实现出行即服务。发展"互联网+"高效物流，创新智慧物流营运模式。培育充满活力的通用航空及市域（郊）铁路市场，完善政府购买服务政策，稳步扩大短途运输、公益服务、航空消费等市场规模。建立通达全球的寄递服务体系，推动邮政普遍服务升级换代。加快快递扩容增效和数字化转型，壮大供应链服务、冷链快递、即时直递等新业态新模式，推进智能收投终端和末端公共服务平台建设。积极发展无人机（车）物流递送、城市地下物流配送等。

五、科技创新富有活力、智慧引领

（一）强化前沿关键科技研发。瞄准新一代信息技术、人工智能、智能制造、新材料、新能源等世界科技前沿，加强对可能引发交通产业变革的前瞻性、颠覆性技术研究。强化汽车、民用飞行器、船舶等装备动力传动系统研发，突破高效率、大推力/大功率发动机装备设备关键技术。加强区域综合交通网络协调运营与服务技术、城市综合交通协同管控技术、基于船岸协同的内河航运安全管控与应急搜救技术等研发。合理统筹安排时速600公里级高速磁悬浮系统、时速400公里级高速轮轨（含可变轨距）客运列车系统、低真空管（隧）道高速列车等技术储备研发。

（二）大力发展智慧交通。推动大数据、互联网、人工智能、区块链、超级计算等新技术与交通行业深度融合。推进数据资源赋能交通发展，加速交通基础设施网、运输服务网、能源网与信息网络融合发展，构建泛在先进的交通信息基础设施。构建综合交通大数据中心体系，深化交通公共服务和电子政务发展。推进北斗卫星导航系统应用。

（三）完善科技创新机制。建立以企业为主体、产学研用深度融合的技术创新机制，鼓励交通行业各类创新主体建立创新联盟，建立关键核心技术攻关机制。建设一批具有国际影响力的实验室、试验基地、技术创新中心等创新平台，加大资源开放共享力度，优化科研资金投入机制。构建适应交通高质量发展的标准体系，加强重点领域标准有效供给。

六、安全保障完善可靠、反应快速

（一）提升本质安全水平。完善交通基础设施安全技术标准规范，持续加大基础设施安全防护投入，提升关键基础设施安全防护能力。构建现代化工程建设质量管理体系，推进精品建造和精细管理。强化交通基础设施养护，加强基础设施运行监测检测，提高养护专业化、信息化水平，增强设施耐久性和可靠性。强化载运工具质量治理，保障运输装备安全。

（二）完善交通安全生产体系。完善依法治理体系，健全交通安全生产法规制度和标准规范。完善安全责任体系，强化企业主体责任，明确部门监管责任。完善预防控制体系，有效防控系统性风险，建立交通装备、工程第三方认证制度。强化安全生产事故调查评估。完善网络安全保障体系，增强科技兴安能力，加强交通信息基础设施安全保护。完善支撑保障体系，加强安全设施建设。建立自然灾害交通防治体系，提高交通防灾抗灾能力。加强交通安全综合治理，切实提高交通安全水平。

（三）强化交通应急救援能力。建立健全综合交通应急管理体制机制、法规制度和预案体系，加强应急救援专业装备、设施、队伍建设，积极参与国际应急救援合作。强化应急救援社会协同能力，完善征用补偿机制。

七、绿色发展节约集约、低碳环保

（一）促进资源节约集约利用。加强土地、海域、无居民海岛、岸线、空域等资源节约集约利用，提升用地用海用岛效率。加强老旧设施更新利用，推广施工材料、废旧材料再生和综合利用，推进邮件快件包装绿色化、减量化，提高资源再利用和循环利用水平，推进交通资源循环利用产业发展。

（二）强化节能减排和污染防治。优化交通能源结构，推进新能源、清洁能源应用，促进公路货运节能减排，推动城市公共交通工具和城市物流配送车辆全部实现电动化、新能源化和清洁化。打好柴油货车污染治理攻坚战，统筹油、路、车治理，有效防治公路运输大气污染。严格执行国家和地方污染物控制标准及船舶排放区要求，推进船舶、港口污染防治。降低交通沿线噪声、振动，妥善处理好大型机场噪声影响。开展绿色出行行动，倡导绿色低碳出行理念。

（三）强化交通生态环境保护修复。严守生态保护红线，严格落实生态保护和水土保持措施，严格实施生态修复、地质环境治理恢复与土地复垦，将生态环保理念贯穿交通基础设施规划、建设、运营和养护全过程。推进生态选线选址，强化生态环保设计，避让耕地、林地、湿地等具有重要生态功能的国土空间。建设绿色交通廊道。

八、开放合作面向全球、互利共赢

（一）构建互联互通、面向全球的交通网络。以丝绸之路经济带六大国际经济合作走廊为主体，推进与周边国家铁路、公路、航道、油气管道等基础设施互联互通。提高海运、民航的全球连接度，建设世界一流的国际航运中心，推进21世纪海上丝绸之路建设。拓展国际航运物流，发展铁路国际班列，推进跨境道路运输便利化，大力发展航空物流枢纽，构建国际寄递物流供应链体系，打造陆海新通道。维护国际海运重要通道安全与畅通。

（二）加大对外开放力度。吸引外资进入交通领域，全面落实准入前国民待遇加负面清单管理制度。协同推进自由贸易试验区、中国特色自由贸易港建设。鼓励国内交通企业积极参与"一带一路"沿线交通基础设施建设和国际运输市场合作，打造世界一流交通企业。

（三）深化交通国际合作。提升国际合作深度与广度，形成国家、社会、企业多层次合作渠道。拓展国际合作平台，积极打造交通新平台，吸引重要交通国际组织来华落驻。积极推动全球交通治理体系建设与变革，促进交通运输政策、规则、制度、技术、标准"引进来"和"走出去"，积极参与交通国际组织事务框架下规则、标准制定修订。提升交通国际话语权和影响力。

九、人才队伍精良专业、创新奉献

（一）培育高水平交通科技人才。坚持高精尖缺导向，培养一批具有国际水平的战略科技人才、科技领军人才、青年科技人才和创新团队，培养交通一线创新人才，支持各领域各学科人才进入交通相关产业行业。推进交通高端智库建设，完善专家工作体系。

（二）打造素质优良的交通劳动者大军。弘扬劳模精神和工匠精神，造就一支素质优良的知识型、技能型、创新型劳动者大军。大力培养支撑中国制造、中国创造的交通技术技能人才队伍，构建适应交通发展需要的现代职业教育体系。

（三）建设高素质专业化交通干部队伍。落实建设高素质专业化干部队伍要求，打造一支忠诚干净担当的高素质干部队伍。注重专业能力培养，增强干部队伍适应现代综合交通运输发展要求的能力。加强优秀年轻干部队伍建设，加强国际交通组织人才培养。

十、完善治理体系，提升治理能力

（一）深化行业改革。坚持法治引领，完善综合交通法规体系，推动重点领域法律法规制定修订。不断深化铁路、公路、航道、空域管理体制改革，建立健全适应综合交通一体化发展的体制机制。推动国家铁路企业股份制改造、邮政企业混合所有制改革，支持民营企业健康发展。统筹制定交通发展战略、规划和政策，加快建设现代化综合交通体系。强化规划协同，实现"多规合一"、"多规融合"。

（二）优化营商环境。健全市场治理规则，深入推进简政放权，破除区域壁垒，防止市场垄断，完善运输价格形成机制，构建统一开放、竞争有序的现代交通市场体系。全面实施市场准入负面清单制度，构建以信用为基础的新型监管机制。

（三）扩大社会参与。健全公共决策机制，实行依法决策、民主决策。鼓励交通行业组织积极参与行业治理，引导社会组织依法自治、规范自律，拓宽公众参与交通治理渠道。推动政府信息公开，建立健全公共监督机制。

（四）培育交通文明。推进优秀交通文化传承创新，加强重要交通遗迹遗存、现代交通重大工程的保护利用和精神挖掘，讲好中国交通故事。弘扬以"两路"精神、青藏铁路精神、民航英雄机组等为代表的交通精神，增强行业凝聚力和战斗力。全方位提升交通参与者文明素养，引导文明出行，营造文明交通环境，推动全社会交通文明程度大幅提升。

十一、保障措施

（一）加强党的领导。坚持党的全面领导，充分发挥党总揽全局、协调各方的作用。建立统筹协调的交通强国建设实施工作机制，强化部门协同、上下联动、军地互动，整体有序推进交通强国建设工作。

（二）加强资金保障。深化交通投融资改革，增强可持续发展能力，完善政府主导、分级负责、多元筹资、风险可控的资金保障和运行管理体制。建立健全中央和地方各级财政投入保障制度，鼓励采用多元化市场融资方式拓宽融资渠道，积极引导社会资本参与交通强国建设，强化风险防控机制建设。

（三）加强实施管理。各地区各部门要提高对交通强国建设重大意义的认识，科学制定配套政策和配置公共资源，促进自然资源、环保、财税、金融、投资、产业、贸易等政策与交通强国建设相关政策协同，部署若干重大工程、重大项目，合理规划交通强国建设进程。鼓励有条件的地方和企业在交通强国建设中先行先试。交通运输部要会同有关部门加强跟踪分析和督促指导，建立交通强国评价指标体系，重大事项及时向党中央、国务院报告。

奋力建设交通强国

交通运输部　杨传堂　李小鹏

日前,党中央、国务院印发了《交通强国建设纲要》(以下简称《纲要》)。建设交通强国,是以习近平同志为核心的党中央作出的重大战略决策,也是新时代做好交通工作的总抓手。我们要认真学习贯彻,奋力建设交通强国。

一、建设交通强国是人民所需、强国所需

建设交通强国,事关民生福祉增进,事关经济高质量发展,事关国家竞争力提升,意义十分重大。

我们深刻认识到,建设交通强国是满足人民日益增长的美好生活需要的必然要求。随着社会主要矛盾发生变化,人民群众的出行模式和货物流通方式将发生深刻变化。多层次、多样化、个性化的出行需求和小批量、高价值、分散性、快速化的货运需求特征更加明显。加快建设交通强国,将极大增强人民群众的获得感、幸福感、安全感。

我们深刻认识到,建设交通强国是建设社会主义现代化强国的内在要求。交通现代化是一个国家现代化水平的重要标志。建设交通强国,是建设社会主义现代化强国的先行领域和战略支撑。加快建设交通强国,打造现代化综合交通体系,将为实施国家战略、推动经济发展、促进社会进步等提供坚强保障。

我们深刻认识到,建设交通强国是顺应世界交通发展大势的客观需要。当前,新一轮科技革命和产业变革孕育兴起,智能交通、绿色交通、共享交

通等新技术新业态竞相涌现，成为各国培育交通发展新优势的重要发力点。加快建设交通强国，有利于抢抓世界科技革命机遇，推动我国交通综合实力进入世界前列。

我们深刻认识到，建设交通强国是推动交通运输高质量发展的内在需要。对标世界先进水平，我国交通运输存在的主要问题是发展不平衡不充分的问题。加快建设交通强国，有利于破解发展难题、深化供给侧结构性改革、推动行业高质量发展。

二、建设人民满意、保障有力、世界前列的交通强国

建设人民满意、保障有力、世界前列的交通强国，就必须坚持稳中求进工作总基调，坚持新发展理念，坚持推动高质量发展，坚持以供给侧结构性改革为主线，坚持以人民为中心的发展思想，为全面建设社会主义现代化强国、实现中华民族伟大复兴中国梦提供坚强支撑。

建设交通强国，要坚持以习近平新时代中国特色社会主义思想为指导。党的十八大以来，习近平总书记多次对交通运输工作作出重要论述，为建设交通强国提供了根本遵循，必须长期坚持。我们要牢牢把握交通"先行官"定位，推动交通发展由追求速度规模向更加注重质量效益转变，由各种交通方式相对独立发展向更加注重一体化融合发展转变，由依靠传统要素驱动向更加注重创新驱动转变，打造一流设施、一流技术、一流管理、一流服务，构建安全、便捷、高效、绿色、经济的现代化综合交通体系。

建设交通强国，要深刻领会交通强国的基本内涵。交通强国的基本内涵是"人民满意、保障有力、世界前列"。"人民满意"，就是要建设人民满意交通，真正做到人民交通为人民、人民交通靠人民、人民交通由人民共享、人民交通让人民满意。"保障有力"，就是要为国家重大战略实施、现代化经济体系构建和社会主义现代化强国建设提供有力支撑。"世界前列"，就是要全面实现交通现代化，使交通综合实力进入世界前列。三者有机统一，是我们党的初心和使命在交通运输领域的具体体现。

建设交通强国，要分阶段实现基本目标。在 2020 年完成决胜全面建成小康社会交通建设任务和"十三五"现代综合交通运输体系发展规划各项任务

的基础上，从2021年到本世纪中叶，分两个阶段推进交通强国建设。到2035年，基本建成交通强国。现代化综合交通体系基本形成，人民满意度明显提高，支撑国家现代化建设能力显著增强。到本世纪中叶，全面建成人民满意、保障有力、世界前列的交通强国。基础设施规模质量、技术装备、科技创新能力、智能化与绿色化水平位居世界前列，交通安全水平、治理能力、文明程度、国际竞争力及影响力达到国际先进水平，全面服务和保障社会主义现代化强国建设，人民享有美好交通服务。

三、落实好交通强国建设重点任务，打造一流设施、一流技术、一流管理、一流服务

《纲要》明确了交通强国建设的重点任务和保障措施，我们要认真抓好贯彻落实，努力打造一流设施、一流技术、一流管理、一流服务。

实现基础设施布局完善、立体互联。基础设施网络是交通强国建设的重要基础。要统筹铁路、公路、水运、民航、管道、邮政等基础设施规划建设，着力建设现代化高质量综合立体交通网络，构建便捷顺畅的城市（群）交通网，形成广覆盖的农村交通基础设施网，构筑多层级、一体化的综合交通枢纽体系，实现基础设施布局完善、立体互联。

实现交通装备先进适用、完备可控。交通运输装备体系是交通强国建设的关键环节。要加强科技研发，大力推广新能源、新材料、新技术，大力发展高效、安全、智能、绿色的新型交通装备，着力加强新型载运工具研发和特种装备研发、推进装备技术升级，全面提升交通装备现代化水平。

实现运输服务便捷舒适、经济高效。运输服务是交通运输供给的最终产品。要聚焦社会主要矛盾变化，大力提高服务品质，提升运输效率，增强运输经济性，着力推进出行服务快速化和便捷化、打造绿色高效的现代物流系统、加快新业态新模式发展。

实现科技创新富有活力、智慧引领。科技创新是建设交通强国的第一动力。要以科技研发为导向，以创新能力为基础，以制度环境为保障，以智慧交通为主攻方向，以信息化、标准化为重要支点，着力强化前沿关键科技研发，大力发展智慧交通，完善科技创新机制，全面支撑交通强国建设。

实现安全保障完善可靠、反应快速。安全是交通强国建设的基本前提。要贯彻落实总体国家安全观，牢固树立安全发展理念，坚持生命至上、安全第一，全力建设平安交通，着力提升本质安全水平、完善交通安全生产体系、强化交通应急救援能力，全面提升安全发展水平和保障国家安全能力。

实现绿色发展节约集约、低碳环保。绿色是交通强国建设的基本底色。要着力促进资源节约集约利用、强化节能减排和污染防治、强化交通生态环境保护修复、开展绿色出行行动，形成交通发展与资源环境承载力相匹配、与生态文明建设相互促进的良好局面。

实现开放合作面向全球、互利共赢。开放合作为交通强国建设开辟战略新空间。要在更大范围、更广领域、更高层次上深化交通开放合作，着力构建互联互通、面向全球的交通网络，形成基础设施互联互通、市场合作互利共赢、成果经验互鉴共享的交通开放新格局。

实现人才队伍精良专业、创新奉献。人才队伍是建设交通强国的重要资源。实现交通运输现代化，关键是要实现人的现代化。要着力培育高水平交通科技人才、打造素质优良的交通劳动者大军、建设高素质专业化交通干部队伍，为建设交通强国提供有力的人才保障。

实现治理体系完善、治理能力提升。现代治理体系是交通强国建设的制度保障。要加快建成政府、市场、社会等多方协作的现代治理体系，全面提升行业治理能力，着力深化行业改革、优化营商环境、扩大社会参与、培育交通文明，实现交通治理体系和治理能力现代化。

建设交通强国，我们必须坚持党的全面领导，坚定政治方向，建立统筹协调的交通强国建设实施工作机制。加强资金保障，完善政府主导、分级负责、多元筹资、风险可控的资金保障和运行管理体制。加强实施管理，促进政策协同，鼓励试点先行。

蓝图已经绘就，目标催人奋进，奋斗正当其时。我们要不忘初心、牢记使命，奋发图强、久久为功，决不辜负党和人民的信任与重托，奋力建成人民满意、保障有力、世界前列的交通强国，为实现中华民族伟大复兴的中国梦当好先行！

加快建设交通强国

交通运输部 杨传堂 李小鹏

建设交通强国是党的十九大作出的重大战略决策。党的十八大以来,习近平总书记深刻把握新时代我国发展的阶段性特征,对交通事业发展作出一系列重要论述,提出了建设交通强国的时代课题。2019年9月党中央、国务院印发的《交通强国建设纲要》,就是按照习近平总书记重要论述和党的十九大决策部署制定的。建设交通强国是党中央赋予交通人的历史使命,是新时代做好交通工作的总抓手。我们要深入贯彻落实好党中央的决策部署,为实现交通强国梦而不懈奋斗。

一、建设交通强国是新中国几代人的梦想

我国幅员辽阔、人口众多,人口、资源、产业分布极不均衡,"春运""北煤南运"等大跨度、高强度的运输世所罕见。特殊的国情决定了我国必须建设一个强有力的交通运输体系。在党中央、国务院的坚强领导下,一代代交通人不忘初心、牢记使命,进行了艰苦卓绝的奋斗。

新中国成立之初,我国交通运输非常落后,铁路总里程仅2.18万公里,一半处于瘫痪状态;公路约8.08万公里,大部分是土路;内河航道处于自然状态;民航只有7条国内航线。那一代交通人,着力恢复交通运输生产,服务社会主义建设,修建了青藏公路、成昆铁路、南京长江大桥等一批标志性交通工程,解决了"有没有"的问题,有力地支撑了中华民族"站起来"。改革开放后,我国交通运输曾长期处于短缺状态,买票难、乘车难、运输难是常态,交通对经济社会发展形成瓶颈制约。那一代交通人,着力破除瓶颈

制约，使交通基本适应了经济社会发展需要，解决了"够不够"的问题，有效地支撑了中华民族"富起来"。中国特色社会主义进入新时代，我国社会主要矛盾发生变化，人民群众对交通的需求从"够不够"转向"好不好"，解决交通"大而不强"的问题迫在眉睫。我们这代交通人的使命，就是要解决"好不好"的问题，建设人民满意交通，奋进世界交通强国，为中华民族"强起来"提供有力支撑。

党的十八大以来，因应"强起来"的时代需要，习近平总书记高瞻远瞩、系统谋划，对交通运输工作作出重要论述，为交通运输发展指明了方向。发展战略上，强调建设交通强国；发展定位上，强调当好"先行官"；发展目的上，强调建设人民满意交通；发展主线上，强调推进供给侧结构性改革；发展要求上，强调推动高质量发展；发展目标上，强调形成现代化综合交通体系；发展动力上，强调弘扬"两路"精神；发展保证上，强调加强党的领导和党的建设，等等。这些重要论述聚焦实践问题，明确了新时代交通运输发展的战略任务和路线图，形成了一个科学的战略思想体系，为加快建设交通强国提供了根本遵循。

科学的理论来自成功的实践，又指引实践的发展。党的十八大以来，在习近平总书记关于交通运输重要论述精神指引下，交通系统紧扣我国社会主要矛盾变化，大力推动交通运输高质量发展，在促进经济社会发展方面发挥了重要作用。截至2019年底，全国铁路营业总里程达13.9万公里以上，其中高铁3.5万公里，居世界第一；全国公路总里程达496.8万公里，其中高速公路14.9万公里，居世界第一；全国内河航道通航总里程12.7万公里，居世界第一；港口货物吞吐量世界排名前10的港口中，中国占7席；境内民用航空颁证机场共238个，年旅客吞吐量达1000万人次以上的通航机场39个；邮政实现乡乡有网点，村村直通邮，我国综合立体交通基础设施网络初步形成。特别是，"复兴号"动车组、C919大型客机等一批国产交通工具和交通装备不断涌现，标注了"中国制造"新高度；港珠澳大桥、北京大兴国际机场等一批超级工程震撼世界，网约车、共享单车、互联网物流等新业态蓬勃发展，为中国经济发展增添了新动能。

新时代我国交通建设之所以取得巨大成就，根本在于以习近平同志为核心的党中央的坚强领导，根本在于习近平新时代中国特色社会主义思想的科学指导，发挥我国社会主义制度集中力量办大事的政治优势。正如习近平总书记在北京大兴国际机场投运仪式上指出的，大兴国际机场能够在不到5年的时间里就完成预定的建设任务，顺利投入运营，充分展现了中国工程建筑的雄厚实力，充分体现了中国精神和中国力量，充分体现了中国共产党领导和我国社会主义制度能够集中力量办大事的政治优势。

站在新时代的坐标上，以《交通强国建设纲要》印发为标志，我国建设交通强国迈出了新步伐。《纲要》强调牢牢把握交通"先行官"定位，推动交通发展由追求速度规模向更加注重质量效益转变，由各种交通方式相对独立发展向更加注重一体化融合发展转变，由依靠传统要素驱动向更加注重创新驱动转变，建成人民满意、保障有力、世界前列的交通强国。走在新征程上，只要我们勇担时代使命，撸起袖子加油干，交通强国建设目标就一定能在我们这代人手里实现。

二、守初心担使命，建设人民满意交通

交通人始终不渝坚持人民交通为人民，努力建设人民满意交通。新时代建设人民满意交通，关键是要实现交通运输供给从"够不够"到"好不好"的转变。

为什么人的问题，是检验一个政党、一个政权性质的试金石。党的十八大以来，习近平总书记多次对"四好农村路"建设作出重要指示，体现了总书记亲民、爱民、忧民、为民的民生情怀。"四好农村路"建设是习近平总书记亲自提出、亲自推动的民生工程、德政工程。惠及人口多，直接服务6亿多农民群众，间接服务更多城乡群众；覆盖国土面积广，2019年底我国具备条件的乡镇和建制村实现了通硬化路，这是一个历史性成就；建设规模大，党的十八大以来，交通运输部投入车购税资金5928亿元，带动全社会完成农村公路投资26625亿元，新改建农村公路189.4万公里。"四好农村路"建设修的是路，改变的是农村面貌，联系的是党心民心，巩固的是党在农村的执政基础。"四好农村路"建设取得了实实在在的成效，为农村特别是贫困地区带去了人气、财气，也为党在基层凝聚了民心。

时代是出卷人，我们是答卷人，人民是阅卷人。进入新时代，随着生活

水平提高和工作节奏加快，人民群众对交通运输提出了新要求，出行需求呈现多层次、多样化、个性化特征，货运需求呈现小批量、高价值、分散性、快速化特征。以铁路客运为例，其发展面貌的今昔巨变，生动地反映了新中国交通运输业发展的历史过程。新中国成立之初，从北京到上海的火车要坐轮渡过长江，人车分渡，整个旅程要40多个小时；南京长江大桥通车后，约需24小时；2006年京沪铁路升级为电气化铁路，时间缩短到10小时内；"和谐号"动车组开通后，时间缩短到5个半小时；如今的"复兴号"动车组最高运行时速达350公里，只需要4个多小时。速度的变化，体现了时代的变化，也映射了人民需求的变化。加快建设交通强国，必须聚焦社会主要矛盾变化，不断补上交通运输业发展短板；必须以人民满意为根本评判标准，不断提升交通运输的效率、品质和经济性。

交通联系千家万户，关系国计民生。当前，我国交通运输仍然大而不强，发展质量还有待提升，在提供更加安全可靠、便捷畅通、经济高效、节能环保的交通运输服务上，与人民群众的期待相比仍有较大差距。建设人民满意交通是一项长期的任务，建设交通强国必须坚持以人民为中心的发展思想，坚持交通发展成果由人民共享，努力做到让广大人民群众享有更便捷的交通运输，获得更加公平、更有效率的交通服务。

三、当好经济社会发展的"先行官"

经济社会发展，交通运输先行。针对新时代的新任务，习近平总书记指出，"交通基础设施建设具有很强的先导作用"，"'要想富，先修路'不过时"。习近平总书记的这些重要论述，阐明了交通运输在国民经济中基础性、先导性、战略性和服务性的功能属性，赋予了交通运输发展"先行官"的历史新定位。

先行，既是发展定位，也是职责使命；既要有敢为人先、争先创优的意识，也要有先行先试、率先垂范的功效。全面建成小康社会，交通运输领域要完成"两通"目标，即具备条件的乡镇和建制村通硬化路、通客车。我国在2019年已经实现具备条件的乡镇和建制村通硬化路，要力争2020年9月底前实现具备条件的乡镇和建制村通客车，切实做到交通为打赢脱贫攻坚战、全面建成小康社会当好"先行官"。

先行，要在能力上适度超前。新中国成立以来，我国交通运输与经济社会发展的关系先后经历了从"整体滞后"到"瓶颈制约"，再到"总体缓解"、"基本适应"的发展阶段。目前，我国已经是名副其实的交通大国，基础设施、运输服务的规模已在世界上数一数二，基本适应了经济社会的发展需要。加快建设交通强国，要在"基本适应"的基础上先行一步，做到交通发展适度超前，不仅满足当前经济社会发展需要，也为支撑未来经济社会发展留有余地。

先行，要在政策上优先保障。交通运输是资源、技术、人才密集型行业，发挥好交通"先行官"作用，必须破除交通运输发展的资金、土地等要素制约，保障交通发展要素的优先、高效配置。特别是当前我国正处于综合交通基础设施更高水平成网的关键时期，需要在资金、土地、劳动力等要素上优先保障交通建设，并加快完善适应高质量发展新的交通运输发展政策体系。要不断深化对交通强国建设重大意义的认识，科学制定配套政策和配置公共资源，促进自然资源、环保、财税、金融、投资、产业、贸易等政策与交通强国建设相关政策协同，努力取得经得起历史和人民检验的成效。

四、朝着构建现代化综合交通体系笃定前行

综合交通运输体系是现代交通运输业的重要标志。随着我国工业化、新型城镇化水平不断提高，对交通运输的质量、效率、成本等方面要求越来越高，迫切需要发展综合交通运输来提升运输体系的整体效能。从发展实际看，当前我国综合交通运输体系建设虽然取得了长足进展，但各种运输方式融合不深、衔接不畅、协同不够的问题依然存在，必须下大力气促进各种运输方式一体化融合发展。

习近平总书记强调，综合交通运输进入了新的发展阶段，各种运输方式都要融合发展，要调整运输结构，加快形成安全、便捷、高效、绿色、经济的综合交通体系。这为加快构建现代化综合交通体系提供了科学指引。安全是交通运输发展的永恒主题，是综合交通运输发展的本质要求和基本前提。便捷是交通运输不断满足人民群众出行需要的内在要求，必须不断提高综合交通供给能力和质量。高效是对提高综合交通供给效率的要求，要充分发挥

各种运输方式的比较优势和组合效率。绿色是对促进交通与自然和谐共生的要求,要加强节能减排和生态环境保护。经济是对交通运输投入产出比率的要求,也是综合交通运输保持竞争力的优势所在。

铁路、公路、水运、民航、管道、邮政等各种运输方式具有不同的技术经济特征,只有各展其长,才能发挥好比较优势。加快建设交通强国,必须按照高质量发展要求,推动各种运输方式平衡协调发展,着力提高交通运输发展的质量效益。重点是优化运输结构,推进中长距离大宗货物运输向铁路和水运有序转移,发挥公路货运"门到门""户对户"优势,完善航空物流网络,加快构建宜水则水、宜陆则陆、宜空则空的综合交通运输体系,发挥整体最大优势,提高综合效能。

综合交通运输不是各种运输方式的简单叠加,而是不同运输方式的深度融合和系统集成。实现由各种交通方式相对独立发展向更加注重一体化融合发展转变,是建设现代化综合交通体系的方向和路径。为此,要紧紧围绕建设现代化综合交通体系这个发展任务,统筹制定交通发展战略、规划和政策,强化规划协同,实现"多规合一""多规融合",不断健全适应综合交通一体化发展的体制机制,加快建设现代化高质量综合立体交通网络,构筑多层级、一体化的综合交通枢纽体系,推动旅客联程运输和货物多式联运发展。

五、打造"四个一流",迈向世界前列

加快建设交通强国,根本要求是推动交通运输高质量发展,打造世界一流的现代化综合交通体系。当前,新一轮科技革命和产业变革方兴未艾,加速现代信息、人工智能、新材料和新能源技术与交通运输的融合发展,已成为各国培育竞争新优势的重要发力点。我国交通运输在设施、技术、管理、服务等方面取得重大成就,但质量和效益还不高,创新能力还不强。加快建设交通强国,必须对标国际一流水平,以"世界前列"为重要目标,坚定不移推动交通运输高质量发展。

打造一流设施。基础设施网络是交通强国建设的重要基础。要重点打造"三张交通网":发达的快速网,主要由高速铁路、高速公路、民用航空组成,突出服务品质高、运行速度快等特点;完善的干线网,主要由普速铁路、普

通国道、航道、油气管道组成，具有运行效率高、服务能力强等特点；广泛的基础网，主要由普通省道、农村公路、支线铁路、支线航道、通用航空组成，具有覆盖空间大、通达程度深、惠及面广等特点。同时，要顺应信息革命发展潮流，推进数据资源赋能交通发展，加速交通基础设施网、运输服务网、能源网与信息网融合发展，构建泛在先进的交通信息基础设施。

打造一流技术。科技创新是交通强国建设的第一动力。未来交通技术装备呈现智能化、绿色化、高速化、重载化等发展趋势，要瞄准世界科技前沿，不断提升交通科技创新和应用水平。加强新型载运工具和特种装备研发，推进装备技术升级，实现交通装备先进适用、完备可控；瞄准新一代信息技术、人工智能、智能制造、新材料、新能源等世界科技前沿，加强交通领域前瞻性、颠覆性技术研究；推动大数据、互联网、人工智能、区块链、超级计算等新技术与交通行业深度融合，不断提高行业全要素生产率。

打造一流服务。运输服务是交通运输供给的最终产品。进入新时代，必须聚焦社会主要矛盾变化，大力提高运输服务的品质、效率和经济性，实现运输服务便捷舒适、经济高效。落实到发展实践上就是要打造"两个交通圈"：一个是"全国123出行交通圈"，即都市区1小时通勤、城市群2小时通达、全国主要城市3小时覆盖；另一个是"全球123快货物流圈"，即国内1天送达、周边国家2天送达、全球主要城市3天送达。通过"两个交通圈"建设，提供更高品质、更高水平的服务，不断增强人民群众的获得感、幸福感和安全感。同时，不断深化交通运输与旅游融合发展，大力发展"互联网+"高效物流，建立并完善通达全球的寄递服务体系，积极发展无人机（车）递送等现代物流，努力打造引领世界潮流的交通运输服务新业态新模式。

打造一流管理。推进行业治理体系和治理能力现代化，是加快建设交通强国的重要内容和制度保障。当前，我国交通运输治理取得明显成效，但在推进行业治理体系和治理能力现代化方面还有很长的路要走。要以贯彻落实党的十九届四中全会精神为契机，深入推进交通治理体系和治理能力现代化，形成协同高效、良法善治、共同参与的良好局面，以治理现代化支撑交通运输现代化。同时，深化行业改革，优化营商环境，扩大社会参与，培育交通文明，以交通文明促进交通治理现代化。

全面加强党的建设
为交通强国建设提供坚强政治保证

交通运输部　杨传堂　李小鹏

党的十九大提出了建设交通强国的宏伟目标，这是以习近平同志为核心的党中央对交通运输工作的充分肯定和殷切期望，是新时代交通人为之奋斗的新使命。当前，交通运输正处于基础设施发展、服务水平提高和转型发展的黄金时期，面临着难得的发展机遇，肩负着历史重任；同时，也面临着诸多深层次矛盾，潜在风险和困难挑战明显增多。目标越宏伟、形势越复杂、任务越艰巨，就越要毫不动摇地坚持和加强党的全面领导，坚定不移加强党的建设，推动全面从严治党向纵深发展，把党的政治优势、组织优势、工作优势转化为发展优势，为推动交通强国建设行稳致远提供坚强政治保证。

一、加强政治建设，坚定交通强国建设的正确政治方向

习近平总书记指出，旗帜鲜明讲政治是我们党作为马克思主义政党的根本要求。党的政治建设是党的根本性建设，决定党的建设方向和效果。交通运输事业是党的事业的重要组成部分，交通强国是社会主义现代化强国的先行领域和战略支撑。要坚持以党的政治建设为统领，把讲政治的要求贯穿到党的思想建设、组织建设、作风建设、纪律建设、制度建设和反腐败工作之中，落实到交通运输各领域全过程，确保交通运输事业始终沿着正确方向前进。

（一）始终做到"两个维护"

坚持把做到"两个维护"作为党的政治建设的首要任务。加强对党忠诚教育，引导党员干部不断增强拥护核心、跟随核心、捍卫核心的思想自觉、政治自觉、行动自觉，始终在政治立场、政治方向、政治原则、政治道路上同以习近平同志为核心的党中央保持高度一致。严明党的政治纪律和政治规矩，严格遵循党章，认真执行《关于新形势下党内政治生活的若干准则》《中共中央关于加强党的政治建设的意见》等党内法规和党中央关于"两个维护"的制度机制，自觉践行"四个服从"，做到"五个必须"，坚决防止"七个有之"。

（二）坚决站稳政治立场

坚决贯彻落实党中央各项决策部署，自觉同党的基本理论、基本路线、基本方略对标对表，同党中央决策部署对标对表，及时矫准偏差，确保党的路线、方针、政策和党中央决策部署在交通运输行业不折不扣贯彻落实。自觉践行以人民为中心的发展思想，坚持把满足人民群众出行需求作为工作出发点和落脚点，认真落实交通强国战略部署，细化实化《交通强国建设纲要》配套制度和工作措施，加快推进试点示范工作，合理把握工作进程，着力构建安全、便捷、高效、绿色、经济的现代综合交通运输体系，建设人民满意、保障有力、世界前列的交通强国。

（三）提高党员干部的政治能力

教育引导党员干部善于从政治上认识和处理问题，在党和国家工作大局下想问题、做工作，自觉在基层一线和艰苦地区、吃劲岗位和完成急难险重工作中加强政治历练和实践锻炼。增强政治敏锐性和政治鉴别力，发扬斗争精神，始终在大是大非面前保持头脑清醒，自觉同各种错误思想、不当言论和歪风邪气作斗争，防止和纠正"低级红""高级黑"现象。坚持底线思维，强化忧患意识、风险意识，着力防范化解交通运输行业重大风险，做到守土有责、守土尽责。

二、加强思想建设，保持交通强国建设的政治定力

习近平总书记指出，思想建设是党的基础性建设。中国共产党之所以能

够历经艰难困苦而不断发展壮大，很重要的一个原因就是我们党始终重视思想建党、理论强党，使全党始终保持统一的思想、坚定的意志、协调的行动、强大的战斗力。交通运输行业点多、线长、面广，体量庞大，从业人员众多。要坚持用党的科学理论武装头脑，加强思想政治教育工作，统一思想认识、激发内生动力，不断夯实交通强国建设的共同思想基础。

（一）持续推进学习贯彻习近平新时代中国特色社会主义思想往深里走、往心里走、往实里走

推进"两学一做"学习教育常态化制度化，拓展"不忘初心、牢记使命"主题教育等党内集中教育成果，教育引导党员干部读原著、学原文、悟原理，自觉主动学、及时跟进学、联系实际学、笃信笃行学，切实做到真学真懂真信真用。持续深入学习贯彻习近平总书记关于交通运输工作的重要论述。不断强化青年干部的理论武装，引导青年听党话、跟党走、感党恩，自觉学习践行习近平新时代中国特色社会主义思想，投身中国特色社会主义事业的伟大实践。

（二）筑牢理想信念根基

把坚定理想信念作为思想建设的首要任务，教育引导党员干部牢记党的宗旨，铭记党的初心，践行党的使命，拧紧世界观、人生观、价值观这个"总开关"，筑牢信仰之基、补足精神之钙、把稳思想之舵，挺起共产党人的精神脊梁，自觉做共产主义远大理想和中国特色社会主义共同理想的坚定信仰者和忠实实践者。

（三）落实意识形态工作责任制

加强行业意识形态阵地建设和管理，加强交通运输热点问题的舆论引导，维护网络意识形态安全。弘扬中华优秀传统文化、社会主义先进文化，加强中国特色社会主义和中国梦宣传教育，推进践行社会主义核心价值观。加强正面宣传，弘扬以"两路"精神、青藏铁路精神、港珠澳大桥建设者奋斗精神、中国民航英雄机组精神等为代表的新时代交通精神，培树行业先进典型，讲好交通故事，展示交通风采，努力营造关心交通、支持交通、奉献交通的良好社会风尚。

三、加强组织建设，突出交通强国建设的政治引领

习近平总书记强调，党的力量来自组织。党的全面领导、党的全部工作要靠党的坚强组织体系去实现。建设交通强国是一项复杂的系统工程，是一项长期的战略任务，需要坚强有力的组织保证和干部人才队伍支撑。要坚持以提升组织力为重点，突出政治功能，增强基层党组织的政治领导力、思想引领力、群众组织力、社会号召力，发挥基层党组织的战斗堡垒作用和党员的先锋模范作用，凝聚交通强国建设的磅礴力量。

（一）健全组织体系

贯彻落实新时代党的组织路线，创新基层党组织设置形式和活动方式，确保党的组织和党的工作全面有效覆盖。提升基层党组织建设质量，推进交通运输企业、机关、事业单位、"两新"组织和海外党建工作，推动党建工作向建设工地、工作班组、车船站场和服务窗口纵深覆盖，推动基层党组织全面进步、全面过硬。充分运用互联网技术和信息化技术，提升"两个全覆盖"的能力水平。

（二）提升基层组织力

增强党组织政治功能，着力解决虚化、弱化、边缘化问题，把基层党组织锻造成宣传党的主张、贯彻党的决定、推动交通运输改革发展的坚强战斗堡垒。贯彻《中国共产党支部工作条例（试行）》，推进支部标准化规范化建设，发挥支部直接教育党员、管理党员、监督党员和组织群众、宣传群众、凝聚群众、服务群众的作用，探索创新党员发挥先锋模范作用的载体和途径。保持和增强群团工作的政治性、先进性、群众性，发挥群团组织联系服务群众的桥梁纽带作用，引导广大职工、团员青年、妇女群众紧密团结在党的周围，立足岗位建功立业，始终做到听党话、跟党走。

（三）建设高素质专业化干部队伍

坚持新时代好干部标准，突出政治标准，打造一支具有铁一般信仰、铁一般信念、铁一般纪律、铁一般担当的干部队伍。增强党员干部的学习、政治领导、改革创新、科学发展、依法执政、群众工作、狠抓落实和驾驭风险

等八大本领。培养专业作风、专业能力、专业精神，引导党员干部干一行爱一行、钻一行精一行、管一行像一行，提高适应现代综合交通发展要求的能力。贯彻落实党中央进一步激励干部新时代新担当新作为的有关部署要求，健全容错纠错机制和关怀帮扶措施，激励干部担当作为。坚持"高精尖缺"导向，培育高水平交通科技人才。弘扬劳模精神和工匠精神，造就一支素质优良的知识型、技能型、创新型交通劳动者大军。

四、加强作风建设，强化交通强国建设的政治担当

习近平总书记指出，党的作风就是党的形象，关系人心向背，关系党的生死存亡。党的作风正，人民的心气顺，党和人民就能同甘共苦。交通运输是国民经济的基础性、先导性、战略性产业和重要服务性行业，联系千家万户、服务亿万群众，与群众生产生活息息相关，是展现党和政府形象的重要窗口。要深刻认识加强作风建设的重大意义，以踏石留印、抓铁有痕的劲头抓下去，让人民群众感受到实实在在的成效和变化。

（一）弘扬密切联系群众的优良作风

教育引导党员干部坚持党的人民立场，认真贯彻党的群众路线，切实做到思想上尊重群众、感情上贴近群众、工作上凝聚群众、行动上服务群众。加强和改进调查研究，聚焦党中央、国务院部署的交通运输重点任务、履职尽责的难点问题、群众反映突出的热点问题，深入基层一线，掌握第一手资料，寻找解决问题的"金钥匙"。大力推进政务公开，持续深化"放管服"改革，创新机关联系基层、党员联系群众方式方法，鼓励引导社会公众参与交通运输行业治理，以好的作风赢得人民群众信赖，更好地带领人民群众为交通强国建设而奋斗。

（二）驰而不息纠正"四风"

坚持抓常、抓细、抓长，持之以恒贯彻落实中央八项规定及其实施细则精神，聚焦"关键少数"，把握重要节点，突出重点问题，健全长效机制，持续推动整治"四风"工作往深里做、往实里做。保持高压态势，依规依纪从严查处顶风违纪行为，持续加大通报曝光力度、形成强大震慑，严防"四风"

反弹回潮和隐形变异，推动治理"四风"工作高质量发展。

（三）力戒形式主义和官僚主义

认真贯彻党中央关于解决形式主义突出问题、为基层减负的部署要求，严格落实交通运输部集中整治交通运输行业形式主义、官僚主义有关实施意见，持续开展突出问题专项整治，纠正层层发文、层层开会、督查考核过多过频等问题，防止表态多调门高、行动少落实差等突出问题，反对高高在上、不接地气、对基层指手画脚的"官老爷"做派，摒弃脱离基层、脱离实际、脱离群众的"机关病"和衙门作风。坚持实事求是的思想路线，教育引导党员干部树立正确政绩观，自觉涵养功成不必在我的精神境界和功成必定有我的历史担当，坚持说实话、办实事、求实效，真抓实干、善做善成。

五、加强党风廉政建设，营造交通强国建设的良好政治生态

习近平总书记指出，要巩固发展反腐败斗争压倒性胜利，一体推进不敢腐、不能腐、不想腐，以永远在路上的执着塑造清风正气，努力构建山清水秀的政治生态。交通运输行业属于廉政风险点较多、违纪违法问题易发领域，反腐败斗争形势依然严峻复杂。要坚持把纪律挺在前面，深化标本兼治，持续推动全面从严治党向纵深发展、向基层延伸。

（一）筑牢遵纪守法的思想防线

加强经常性纪律规矩和宪法法律教育，加大典型案例警示教育力度，引导党员干部牢固树立法治意识、制度意识、纪律意识，在全行业形成尊崇法纪、遵守法纪、捍卫法纪的良好氛围。加强政德教育、家风教育，引导党员干部持之以恒锤炼政德，自觉加强党性修养、职业道德修养、个人品德修养，正确处理自律和他律、信任和监督、职权和特权、原则和情感的关系，自重自省自警自励，稳得住心神、管得住行为、守得住清白，始终保持人民公仆本色。严肃党内政治生活，弘扬忠诚老实、公道正派、实事求是、清正廉洁等价值观，大力倡导清清爽爽的同志关系、规规矩矩的上下级关系、干干净净的政商关系。发展积极健康的政治文化，自觉抵制商品交换原则的侵蚀，破除关系学、厚黑学、官场术等封建糟粕，整治权权交易、权钱交易、权色

交易等不正之风，培育党员干部的政治气节、政治风骨，以良好的政治文化浸润和滋养良好政治生态。

（二）健全廉洁用权的监督机制

树立正确的权力观、政绩观，深刻认识权力来自人民、属于人民，自觉按法定职责、权限、规则和程序办事，用好党和人民赋予的权力。健全权力运行监督机制，加大对行政审批、交通工程建设、交通运输行政执法等权力、资金、资源集中的重点部门和关键岗位权力运行的监督制约。推动党组织履行好全面从严治党主体责任，纪检机构履行好专责监督责任，主要领导干部加强日常教育管理监督，管好关键人、管到关键处、管住关键事、管在关键时。坚持"惩前毖后、治病救人"方针，把握运用监督执纪"四种形态"，注重抓早抓小，防微杜渐，最大限度调动干部干事创业积极性。坚持纪律面前一律平等，执行纪律没有例外，严肃查处违纪违法行为，强化党员干部对法纪的敬畏意识，维护制度刚性约束力，坚决防止"破窗效应"。

（三）整治群众身边的不正之风和微腐败问题

深入开展交通扶贫领域腐败和作风问题专项治理，着力整治贪污侵占、截留挪用、虚报冒领、优亲厚友以及数字脱贫、虚假脱贫等问题。规范交通运输行政执法，严肃查处交通运输行政执法领域中的吃拿卡要、执法不公、选择性执法等问题。加大行业协会商会、中介机构等收费行为治理力度。改进交通运输窗口部门和服务单位工作作风，坚决防止对群众合理诉求消极应付、推诿扯皮以及按照政策能够解决而不及时解决的慵懒无为、效率低下问题，让人民群众真正感受到清正干部、清廉政府、清明政治就在身边。

奋力开拓交通强国建设的新局面

国家发展和改革委员会　胡祖才

建设交通强国是以习近平同志为核心的党中央立足国情、着眼全局、面向未来作出的重大战略决策，是建设现代化经济体系的先行领域，是全面建成社会主义现代化强国的重要支撑，是新时代做好交通工作的总抓手。当前，我国交通发展已实现从整体滞后到总体适应的根本性转变，实现网络规模、运输能力、技术装备整体跃升，成为名副其实的交通大国。党的十九大提出要把我国建设成富强民主文明和谐美丽的社会主义现代化强国，确立了交通强国建设目标，《交通强国建设纲要》印发出台描绘了发展蓝图、部署了总体任务。新时代，要继续发挥好交通基础性、先导性、战略性作用，为全面建成社会主义现代化强国、实现中华民族伟大复兴中国梦提供坚强支撑。

一、科学把握我国交通发展的阶段性特征

新中国成立初期，我国铁路里程仅为 2 万余公里，能通车的公路仅 8 万公里，民航只有 7 条国内航线，网络规模小、设备技术落后、运行效率低，对国民经济发展、人民生活水平提升的制约十分明显。经过 70 年发展，特别是党的十八大以来，我国交通已经形成了较为完善的网络体系，技术创新能力不断增强，服务水平显著提升，有效服务了经济社会的快速发展。

（一）网络体系不断完善

基本形成以"五纵五横"综合运输大通道为主骨架的综合交通网。到 2018 年底，铁路营业里程达 13.1 万公里，比 1949 年增长 5 倍，"四纵四横"高铁网络主骨架基本形成，高速铁路里程达 2.9 万公里；公路里程 485.68 万

公里，增长 59 倍，国家高速公路网络基本建成，高速公路里程达 14.26 万公里，全国农村地区有 99.9% 的户所在自然村通公路；内河航道里程增长 72.7%，全球前 10 位的亿吨港口中国占据 7 席；定期航班航线里程比 1950 年末增长 734 倍，航空枢纽辐射能力大幅增强。

（二）运输服务质量不断提升

我国铁路旅客周转量及货运量、公路客货运输量及周转量、水路货运量及周转量、港口完成货物吞吐量和集装箱吞吐量均居世界第一，民航运输总周转量、旅客周转量、货邮周转量均居世界第二。多式联运、甩挂运输等先进运输组织模式及专业物流快速发展，标准化运载单元加快推广，城乡物流配送信息化、集约化程度明显提升，全社会物流总费用占 GDP 比率已由"十一五"末的 18% 下降至 2018 年的 14.8% 左右。

（三）技术装备明显提升

我国高速铁路、既有线提速、高原铁路、高寒铁路、重载铁路等技术均达到世界先进水平，特大桥隧、离岸深水港、巨型河口航道整治及大型机场工程等建造技术迈入世界先进或领先行列，一大批具有自主知识产权的技术创新成果广泛应用，成为靓丽的"中国交通名片"。

（四）支撑保障能力不断增强

交通与经济社会发展更加协调融合，推动产业结构升级和优化调整，一批新业态新模式持续涌现。交通引领城市群、都市圈发展，在京津冀协同发展、长江经济带发展、粤港澳大湾区建设、长三角区域一体化发展等重大战略中更好地发挥了"先行官"作用。"走出去"步伐加快，以共建"一带一路"为重点的基础设施互联互通水平不断提升，中欧班列已成为具有国际竞争力、信誉良好的物流品牌。

尽管我国交通运输已取得长足发展，但与经济社会高质量发展和人民群众日益增长的美好生活需要相比，仍然存在一定差距。交通网络结构仍不平衡、衔接不顺畅，与国土空间开发、产业发展、新型城镇化以及全面对外开放格局未能充分协调，"最后一公里"和枢纽集疏运体系制约明显。运输服务质量不优、效率不高、结构不合理，多样化、多层次服务供给不足，运输成本仍居高不下。绿色发展水平不高，发展模式仍然粗放，资源集约节约利用水平和环境保护能力有待提升。科技创新能力不强，关键领域核心技术仍落后于发达国家，核心零部件进口依赖度较高，智能交通发展尚处于起步阶段。政府与市场关系仍需进一步理顺，投融资改革仍需深化，对新业态新模式服务监管能力滞后等。总体来看，我国已处在由"交通大国"向"交通强国"迈进的新起点上，要进一步总结经验、认识不足，加强交通发展形势研判和重大问题谋划，加快构建现代化综合交通体系。

二、深刻认识我国交通发展面临的新机遇和新挑战

当前，世界正面临百年未有之大变局，我国经济社会发展的内外部环境正在发生复杂而深刻的变化，交通发展面临着一系列新机遇和新挑战。

（一）外部环境

我国发展的外部环境已发生深刻变化，机遇和挑战并存。一是经济全球化的大趋势将持续推进。尽管当前逆全球化潮流涌动，保护主义和单边主义抬头，但经济全球化发展的大趋势不会改变。国际经济秩序和贸易规则深度重构，各主要经济体经济比重和比较优势的转变带动世界范围内新一轮产业转移和重新分工，我国对全球经济增长贡献率持续提升，在经济全球化的大潮中必将扮演更加重要的角色，需要加快构建面向全球的综合交通体系。二是新一轮科技革命和产业变革迅速发展。信息化智能化技术方兴未艾，正在深度融入经济社会的各个领域，颠覆性创新成果层出不穷，正在全面重塑各国要素优势和国际竞争格局，这既为我国发展提供了广阔机遇和空间，也带来一系列严峻挑战，交通发展必须与先进技术实现更紧密结合。三是推动共建"一带一路"不断走深走实。国际产能合作取得新突破，共建"一带一路"的国际影响力持续扩大，我国与沿线国家或地区在多领域的务实合作持续深化，推动构建人类命运共同体的倡议得到世界各国的广泛认同，如何更好地绘就精谨细腻的"工笔画"，对我国在设施联通等重点领域推动项目建设、市场开拓、资金保障、风险防范等提出更高要求。

（二）内部环境

从国内看，我国经济已由高速增长转向高质量发展阶段，各领域发展面

临着新形势新要求。一是产业转型升级与布局优化。产业布局与各地区资源禀赋更加协调，先进制造业、现代服务业加快发展，互联网、大数据、人工智能等和实体经济深度融合，传统产业改造提升加快，新业态蓬勃涌现，对交通资源配置提出了新要求。二是消费需求出现新变化。随着人民生活水平不断提升，我国消费规模持续扩大，消费结构呈现多元化、品质化、个性化等特征，人民日益增长的美好出行需要给完善运输服务供给体系带来了新挑战。三是新型城镇化加快发展。新型城镇化加快推进，国家中心城市聚集辐射能力不断增强，人口向主要城市群集聚态势更加明显，超、特大城市都市圈化发展，城乡融合加快推进，要求进一步完善重点区域交通基础设施布局，推进运输服务一体化发展。四是区域协调发展格局加快形成。东西双向、陆海统筹的开放格局加速形成，东部率先、中部崛起、西部开发、东北振兴形成新格局，革命老区、民族地区、边疆地区、贫困地区发展呈现新亮点，要求精准补齐区域交通发展短板，提升基本公共服务均等化水平。五是资源环境约束日益趋紧。粗放发展、低效建设的模式已难以为继，通道、岸线、空域和环境等资源不断趋紧，城市人口规模继续扩大、缓堵任务刻不容缓，要求进一步提升交通绿色发展水平，推动运输结构调整和技术装备升级。六是国家总体安全面临新挑战。服务国防现代化建设，应对极端天气和各类灾害等都对交通系统韧性和应急保障能力建设提出了更高要求。

三、准确把握建设交通强国的内在要求

建设交通强国，要坚持以习近平新时代中国特色社会主义思想为指导，深刻把握我国交通发展阶段、主要矛盾及内外部环境变化，善于抢抓机遇、积极应对挑战，按照"人民满意、保障有力、世界前列"的要求，坚持高质量发展，统筹谋划推进各项重点任务，加快推动实现由"交通大国"向"交通强国"的历史性跨越。

（一）将"人民满意"作为交通强国建设的出发点和落脚点

要坚持以人民为中心的发展思想，适应人民群众日益多元化、个性化、品质化的出行需求变化，提供更加高效、便捷、舒适、安全、经济、均等的

客货运输服务。一是精准补齐交通发展短板。统筹铁路、公路、水运、民航、管道、邮政等各方式发展目标和任务，按照系统化、精准化要求，在有效防范化解重大风险的前提下，加快推进一批重大项目实施，提升交通基础设施网络综合效益。完善高品质快速客运服务体系，打造旅客联程运输系统，以多式联运为重点，促进物流降本增效，提升公共服务均等化水平，推动更多客货运输服务向农村地区、老少边穷地区覆盖。二是构建良好的交通运输市场环境。要充分发挥市场在资源配置中的决定性作用，更好发挥政府作用，全面清理交通运输领域妨碍统一市场和公平竞争的规定和做法，持续优化营商环境，加快构建以信用为基础的新型监管机制，引导各类企业特别是广大民营企业主动投身重大交通基础设施建设、运输服务供给和交通科技创新。三是积极培育交通发展的新业态和新动能。要不断提升治理能力，积极适应交通领域新业态的发展要求，加快完善政策法规体系，创新行业治理模式，持续培育和壮大交通发展的新动能，更好满足人民群众美好出行需要。

（二）将"保障有力"作为交通强国建设的重点方向和优先领域

强化对国家重大战略和总体安全的支撑保障，始终是交通发展的重点方向和优先领域。一是强化对国家重大区域战略的支撑保障。要积极服务京津冀协同发展、"一带一路"建设、长江经济带发展、粤港澳大湾区建设、长三角区域一体化发展、海南全面深化改革开放、黄河流域生态保护和高质量发展等国家重大战略实施，优化基础设施网络布局，提升城际交通和都市圈交通发展水平。促进资源要素跨区域高效流动，提升经济社会发展活力，发挥基础支撑作用，巩固脱贫攻坚成果。二是积极服务打赢脱贫攻坚战。要加大对革命老区、民族地区、边疆地区、集中连片特殊困难地区交通建设的支持力度，以交通扶贫脱贫"双百"工程为重点，加强对外运输通道建设，提升内部联通水平，促进交通与特色小镇、乡村旅游、产业园区和农业基地融合发展，激发贫困地区发展内生动力。三是提升国家总体安全保障能力。要树立交通运输大安全观，在加强交通安全生产管理、完善监管体系、提升交通系统自身安全水平的同时，着力完善应急体系、提升交通系统韧性，增强应对自然灾害、突发事件等的保障能力，强化对重点方向的安全保障。

（三）将"世界前列"作为交通强国建设的长远目标和前进动力

建设交通强国，要在提升我国交通国际竞争力的同时，继续为世界交通发展贡献更多中国智慧、中国方案。一是继续提升交通产业发展水平。要充分发挥我国强大国内市场优势，在巩固提升交通基础设施发展成果的同时，进一步加大"卡脖子"技术攻关力度，发挥交通基础设施建设的强大载体作用，加快推进国产先进交通技术装备市场化应用，提升智能交通发展水平，同步创新服务理念、优化服务模式，加快形成与基础设施发展水平相适应的高质量技术装备体系、客货运输服务供给体系。二是加快推进国际互联互通。要围绕推进共建"一带一路"，将设施联通作为先行领域，促进政策沟通、贸易畅通、资金融通和民心相通，加快推进周边基础设施互联互通，提升国际枢纽服务水平和辐射能级，构建面向全球的综合交通网络。三是积极推动交通领域开放合作。要坚持"引进来"和"走出去"相结合，鼓励国内交通企业积极参与"一带一路"沿线国家和地区交通基础设施和运输市场建设，大力拓展多层次合作渠道，深度参与和推动全球交通治理体系建设和变革，推动更多的中国技术、中国标准走向世界。

科技创新加快动能转换
支撑引领交通强国建设

科学技术部　王曦

　　创新是引领发展的第一动力，是建设现代化经济体系的战略支撑。习近平总书记在党的十九大报告"加快建设创新型国家"中提出，要建设科技强国、交通强国，为我国科技事业、交通运输事业发展指明了方向。《交通强国建设纲要》（以下简称《纲要》）坚持以习近平新时代中国特色社会主义思想为指导，强化科技创新在交通强国建设中的驱动、引领作用，既是对国家创新驱动发展战略部署的深化落实，也是推动交通运输高质量发展，推进交通强国建设的重大战略举措，具有重大而深远的意义。

　　历史经验表明，科技革命总是能够深刻改变世界发展格局。从近代文艺复兴以来，人类共经历了三次科技革命，每一次都使生产力发生巨大的飞跃，对世界经济发展和生产、生活方式的变革产生了极其深刻的影响，交通运输随着人类科技革命和技术进步实现了飞跃式发展。15世纪前，造船、航海技术的进步开启了人类探索世界的大航海时代，改变了以往仅仅依靠步行和畜力的交通方式。16、17世纪的科学革命标志着人类知识增长的重大转折。18世纪出现了蒸汽机等重大发明，成就了第一次工业革命，开启了人类社会现代化历程。19世纪，科学技术突飞猛进，催生了由机械化转向电气化的第二次工业革命。20世纪前期，量子论、相对论的诞生形成了第二次科学革命，继而发生了信息科学、生命科学变革，基于新科学知识的重大技术突破层出不穷，引发了以航空、电子技术、核能、航天、计算机、互联网等为里程碑的技术革命，极大提高了人类认识自然、利用自然的能力和社会生产力水平。交通运输也从早期的航海运输经历了以蒸汽为主的汽船、火车时代，到19世纪的铁路电气化，20世纪的小汽车、飞机、高速公路的时代。

当前，全球新一轮科技革命和产业变革加速推进，一些重要科学问题和关键核心技术已经呈现出革命性突破的先兆，带动关键技术交叉融合、群体跃进。现代信息技术领域的颠覆性技术不断涌现，正在催生新产业、新业态、新模式，并将对社会生产方式和生活方式带来新的革命性变化。要乘势而上、顺势而为，以科技创新推动交通运输动力变革，加快推进交通运输高质量发展，支撑交通强国建设。

一、以习近平新时代中国特色社会主义思想为指导，充分发挥科技创新驱动引领作用

习近平新时代中国特色社会主义思想是党必须长期坚持的指导思想，是我们推进科技强国、交通强国建设的理论指南和根本遵循。习近平总书记高度重视、关心科技事业发展，他指出"中国要强盛、要复兴，就一定要大力发展科学技术，努力成为世界主要科学中心和创新高地。"基于这一重大判断，习近平总书记就科技创新战略定位、道路选择、重点方向、支撑保障等提出了一系列部署要求。要认真学习领会习近平总书记关于科技创新的系列重要论述，武装头脑，指导实践，以科技创新驱动交通强国建设。

（一）在科技创新战略定位上，强调将其摆在全局核心位置

习近平总书记指出，科技是国家强盛之基，创新是民族进步之魂。科技是国之利器，国家赖之以强，企业赖之以赢，人民生活赖之以好。要把创新摆在国家发展全局的核心位置，高度重视科技创新，加快推进以科技创新为核心的全面创新。

（二）在科技创新道路选择上，强调自强自主自信

习近平总书记强调，关键核心技术是要不来、买不来、讨不来的。自力更生是中华民族自立于世界民族之林的奋斗基点，自主创新是我们攀登世界科技高峰的必由之路。要有强烈的创新信心和决心，既不妄自菲薄，也不妄

自尊大，勇于攻坚克难、追求卓越、赢得胜利，积极抢占科技竞争和未来发展制高点。

（三）在科技创新重点方向上，强调三个面向加强攻关

习近平总书记指出，要面向世界科技前沿、面向经济主战场、面向国家重大需求，加快各领域科技创新，掌握全球科技竞争先机。以关键共性技术、前沿引领技术、现代工程技术、颠覆性技术创新为突破口，在关键领域、卡脖子的地方下大功夫，努力实现关键核心技术自主可控，把创新主动权、发展主动权牢牢掌握在自己手中。

（四）在科技创新人才建设上，强调摆在更突出位置

人才是创新的根基，是创新的核心要素。谁拥有了一流创新人才、拥有了一流科学家，谁就能在科技创新中占据优势。要营造良好创新环境，加快形成有利于人才成长的培养机制、有利于人尽其才的使用机制、有利于竞相成长各展其能的激励机制、有利于各类人才脱颖而出的竞争机制。

（五）在科技创新制度保障上，强调更加坚强有力

科技创新要取得突破，不仅需要基础设施等"硬件"支撑，更需要制度等"软件"保障。要深化国际交流合作，深化科技体制改革，完善创新机制，为科技创新提供强有力的制度保障。

二、科技创新支撑我国交通运输取得举世瞩目的成就

改革开放特别是党的十八大以来，我国科技发展取得举世瞩目的伟大成就，科技整体能力持续提升，一些重要领域方向跻身世界先进行列，某些前沿方向开始进入并行、领跑阶段，正处于从量的积累向质的飞跃、点的突破向系统能力提升的重要时期。从交通运输科技发展来看，综合基础设施建造技术世界领先，自主研制的交通运输装备和工程机械成为"中国制造"新名片，中国路、中国桥（隧）、中国港、中国车震撼世界，"互联网+交通"深度融合，交通运输智能、绿色、安全水平不断提升。

（一）重大科技攻关和成果推广应用取得新突破

一批国家重大科研项目取得显著成果，攻克了以跨海集群工程、高原高

寒高海拔高速公路建设为代表的重大基础设施建设技术，突破了自动化码头、大型挖泥船、大型盾构机等一批重大装备技术瓶颈，突破了一批运输装备的关键技术。高速列车、重载列车、城轨列车、港口装备、超大型船舶和电动汽车等交通运输装备水平跃居世界前列；大吨位打捞、深水应急搜救等技术快速发展，有力支撑了港珠澳大桥等重大工程顺利建成；交通运输行业科技成果推广应用水平提升，促进了科技成果向现实生产力的有效转化。

（二）统筹部署交通科技创新能力有新提升

在"科技强交"和"建设创新型行业"等的指引下，交通运输科研基础能力建设力度不断加大。目前，以企业为主体，围绕综合交通运输大数据应用、网络安全、现代物流、城市轨道交通运营安全、基础设施智能制造、建筑信息模型（BIM）技术等领域，已认定建设了137家行业科研重点平台，平台布局更加合理，方向更加明确，覆盖更加全面。

（三）交通科技创新发展环境不断优化

2017年，科学技术部与交通运输部签署了合作协议，建立了科交协同工作机制，这是两个部门深入贯彻习近平总书记关于科技创新系列重要讲话精神，积极谋划创新、推动创新、落实创新的重大举措，也是深入推进科技综合部门和行业主管部门部际合作的重大创新。交通运输领域组建了一批国家产业技术创新联盟，形成了机制化的协同创新模式。

三、建设交通强国需要科技创新驱动的强大动力和引领

科技创新既是交通强国建设的支撑引领，又是交通强国建设的重要内容。必须研判新形势，适应新变化、新要求，以科技创新加快推进交通运输高质量发展。

（一）顺应全球科技创新潮流对交通运输科技创新提出新要求

全球科技创新进入空前密集活跃时期，新一轮科技革命和产业变革正在重构全球创新版图、重塑全球经济结构，以人工智能、移动通信、物联网、区块链为代表的新一代信息技术加速突破应用，以清洁高效可持续为目标的能源技术发展将引发全球能源变革。世界科技的大跨步发展，给交通运输发

展带来了机遇与挑战，要求交通科技创新瞄准世界科技前沿，部署重点方向和关键技术研发，为建设好现代化交通运输体系发挥好支撑引领作用，为促进新技术与交通行业深度融合发展提供强大动力支持。

（二）建设科技强国和交通强国对科技创新提出新使命

党的十九大提出要加快建设创新型国家，并进一步明确要建设交通强国。交通强国意味着我国交通运输发展的整体水平进入世界先进行列，从"并跑时代"迈入"领跑时代"，这不仅是量的领先，更加强调的是质的超越，包括可靠的质量、先进的科技、优质的服务、高效的运行等。在这个跨越的过程中，交通运输面临着诸多制约。我国社会主要矛盾在交通领域主要表现为交通发展不平衡不充分，供给能力、供给质量、供给效率不能满足人民日益增长的美好交通需要。加快推进交通强国建设，破解交通运输发展的主要矛盾，实现交通运输创新、协调、可持续发展，必须牢牢把握创新是第一生产力，把握好科技创新要在交通强国建设中发挥好支撑和引领作用这一战略定位，抢抓新一轮科技革命和产业变革的历史机遇，全面提升交通运输科技实力，为交通强国建设提供有力支撑。

（三）推动交通运输高质量发展对科技创新提出了新任务

科技创新是交通运输高质量发展的保障和驱动力，是交通运输领域适应新一轮科技革命和产业变革趋势，应对颠覆性技术带来的冲击、应对新业态迅猛发展的重要手段。这就要求我们站在服务国家"三大战略"的高度，聚焦构建现代化综合运输体系，在提高基础设施耐久性和可靠度、提升管理效能和公共服务水平、推进交通运输绿色智能平安发展、有效降低运输与物流成本、增强安全保障与应急处置能力等各领域，突破一批共性关键技术瓶颈，全面提升科技进步水平，促进行业发展转型升级；要求我们必须抓住新一轮科技革命和产业变革带来的新机遇，推动新一代信息技术广泛应用，深入实施交通运输领域"大智移云"行动，促进交通运输新模式、新业态、新动能不断涌现，以智能交通为引领，实现交通运输从传统产业向现代服务业转型升级，推动交通运输高质量发展。

四、科技创新富有活力、智慧引领，有力支撑交通强国建设

新时代、新任务、新要求，要以交通运输重大技术研发突破为核心，着力增强行业科技创新能力建设，不断完善交通运输科技创新实施体系，进一步优化科技创新环境，全面提升科技服务质量和水平，更好地发挥科技创新对交通强国建设的支撑引领作用。

（一）强化技术研发，引领创新发展

一是强化应用基础研究，围绕交通运输领域未来发展重大需求，瞄准新一代信息技术、物联网、人工智能、增材制造、先进材料、新能源等国际科技前沿，促进交通运输领域前沿学科交叉研究。二是加强前沿科技研发。加强对可能引发交通运输产业变革的前瞻性、颠覆性技术研究。强化汽车、民用飞行器、船舶等装备动力传动系统研发，突破高效率、大推力/大功率发动机装备设备关键技术。合理统筹低真空管（隧）道高速列车技术储备研发。加强区域综合交通网络协调运营与服务技术、城市综合交通协同管控技术、基于船岸协同的内河航运安全管控与应急搜救技术等研发。三是实施交通重大科技创新工程，聚焦超长寿命、智能、绿色、协同交通基础设施，聚焦智能、绿色、超高速、全天候载运工具，聚焦空、天、地高效协同无人驾驶与运行优化技术，加强技术研发创新，构建核心技术自主可控、总体程度世界前列的现代交通技术体系。四是大力发展智慧交通。推动数据资源赋能交通发展，加速交通基础设施网、运输服务网、能源网与信息网络融合发展，构建泛在先进的交通信息基础设施。构建综合交通大数据中心体系，深化交通公共服务和电子政务发展。推进北斗卫星导航系统应用。五是强化先进技术推广应用，大力推广自动化码头、智能港口设备、智能网联车、智能航道、智能航海保障等技术，形成多网合一、人机交互、天地一体的交通控制系统。

（二）增强创新能力，夯实创新根基

一是拓展科技创新载体，鼓励各类创新主体建立创新联盟，发挥国家科研机构、高校的基础骨干作用，形成面向全球、服务行业的合作、开放、共赢的创新合作平台体系。二是完善交通运输领域重点科研平台布局，加快人

工智能、自动驾驶、无人船、出行服务、绿色能源、先进材料等领域科研平台布局，建立一批具有国际影响力的实验室、试验基地、技术创新中心等创新平台，加大资源开放共享力度。三是统筹科技创新资源，加强交通运输相关重点学科方向规划，优化行业基础研究资源布局，加快重大科研基础设施、大型仪器设备和基础科技资源开放共享，充分释放创新服务潜能。四是大力推进科技创新人才和创新团队建设，依托交通运输领域主力科研机构、重点科研平台的建设，优化运行环境，激发创新主体活力，培养造就一大批具有国际水平的战略科技人才、科技领军人才、青年科技人才和高水平创新团队。

（三）完善实施体系，提升创新效率

一是优化交通运输领域协同创新、国际科技合作、重大技术攻关、科技成果推广机制。二是健全交通运输技术创新市场导向机制，发挥市场对技术研发方向、路线选择和各类创新资源配置的导向作用，强化普惠性政策支持。三是培育科技创新服务机构，鼓励交通运输企业、科研机构、协会等社团组织成立科技创新服务机构，全方位推进信息化服务平台建设，培育打造新型交通智库。四是完善并推进现有项目和成果管理机制，完善交通运输行业的重点科技项目清单管理机制和科技创新成果库建设，建立科技创新从技术研究到成果推广应用的全链条渠道，推动科技创新成果如新产品、新方法、新技术的落地应用。

（四）完善创新机制，优化创新环境

一是建立以企业为主体、产学研用深度融合的技术创新机制，鼓励交通运输领域各类创新主体建立创新联盟，建立关键核心技术攻关机制。二是完善科技评价与激励机制，优化项目负责人人财物支配权、技术路线决策权制度，激发各类创新主体活力，提升交通运输科技创新的整体效能，推进交通强国建设最活跃的动力源。三是构建畅通的科技成果转化机制，加强国家重大科技专项与行业重点项目和重大工程的衔接，打通技术转移链条，推动行业技术成果应用共享。四是构建适应交通运输高质量发展的标准体系，加强重点领域标准有效供给。健全标准体系促进成果转化，深化标准规范管理模

式改革，促进成果及时向标准规范和知识产权转化。五是优化科研资金投入机制，完善创新资源配置、引导机制，形成财政资金、金融资本、社会资本多元投入的新格局，推动交通运输创新市场不断壮大，形成共建、共享、共赢的创新格局。

推动交通装备高质量发展
为交通强国建设提供关键基础支撑

工业和信息化部　辛国斌

一、交通装备是交通运输持续快速发展的重要基础保障

交通装备是体现一个国家和地区综合竞争力的"国之重器",主要涵盖汽车、轨道交通装备、船舶、飞机等运输装备以及港口机械、工程机械等特种装备,不仅是推动交通运输持续稳步发展的重要基础,而且与满足人民群众日益增长的美好生活需求密切相关。

改革开放40余年,特别是党的十八以来,我国交通运输发展取得了重大成就,站在了由交通大国迈向交通强国的历史新起点。与此同时,我国交通装备保持健康稳步发展的良好态势,产值规模由2012年的7万余亿元增长到2018年的10万余亿元,增幅超过30%,供给能力大幅提升,核心竞争力、国际竞争力也不断增强,有力地促进了综合交通、智慧交通、绿色交通、平安交通"四个交通"建设,为打造安全、便捷、绿色、高效、经济的现代化综合交通体系提供了重要基础保障。

(一) 在汽车领域

汽车产销量自2009年起连续10年稳居全球首位,2018年产销量分别为2780.9万辆和2808.1万辆。新能源汽车2018年产销量首次突破100万辆,同比增长60%,连续4年产销量稳居全球首位。汽车企业与电子、通信、互联网等企业积极开展跨界合作,加快智能网联技术及产品开发,智能网联汽车发展不断取得新进展。

（二）在轨道交通装备领域

已形成全系列、谱系化产品设计制造能力，以高速动车组、大功率机车、重载铁路货车、城市轨道车辆为代表的轨道交通装备系列产品，整体技术达到国际先进水平，部分指标国际领先，特别是拥有自主知识产权的"复兴号"动车组，率先在全球按时速350公里运营，树立了高铁建设运营新标杆。

（三）在船舶领域

造船完工量、新接订单量、手持订单量等三大指标稳居世界前列，其中90%左右的船舶产品出口国际市场。以节能、环保、安全为重点，开发了一批标准化、系列化品牌船型，主流船型实现全系列研发制造，特别是大型液化天然气（Liquefied Natural Gas，LNG）船、超大型汽车运输船、"雪龙二号"破冰科考船等实现国内建造"零"的突破。

（四）在民用航空装备领域

以CR929远程宽体客机、C919大型客机、ARJ21-700涡扇支线飞机和新舟系列涡桨支线飞机为代表的"两干两支"民用飞机产品格局正在形成，C919大型客机成功实现首飞，目前正在开展试飞取证工作，AG600水陆两栖飞机实现陆上和水上首飞。截至2019年7月底，ARJ21-700累计交付13架，载客40万余人次；新舟60/600累计交付108架，载客1300万余人次。

（五）在特种装备领域

我国已成为全球最大的港口机械制造国、使用国和出口国，连续20年稳居世界首位，并成功开发出世界首创的双40英尺[1]集装箱起重机、采用GPS技术的集装箱起重机等。盾构机等特种工程机械实现"从无到有、从有到优"的巨大突破，最大直径土压平衡盾构机、最大直径硬岩盾构机、最大直径泥水平衡盾构机等相继研制成功。

随着交通装备持续快速稳步发展，中国高铁、中国船舶、中国港机等已成为亮丽的"国家名片"，有力地促进了交通运输跨越式发展，高速公路、高速铁路、城市轨道运营里程以及港口万吨级泊位数量等均居世界第一，机场

---

[1] 1英尺 = 0.3048米。

数量、管道里程位居世界前列，横贯东西、纵贯南北、内畅外通的"十纵十横"综合运输大通道正加快构建。

二、交通强国建设对交通装备发展提出了更新更高更强的要求

按照交通强国建设目标，到 2035 年，交通科技创新体系基本建成，交通关键装备先进安全，基本建成交通强国；到 21 世纪中叶，技术装备、科技创新能力等位居世界前列，全面建成人民满意、保障有力、世界前列的交通强国。特别是《交通强国建设纲要》中明确提出"交通装备先进适用、完备可控""科技创新富有活力、智慧引领"等重点任务，均对交通装备发展提出更新更高更强的要求。

当前，虽然我国新能源汽车、先进轨道交通装备、高技术船舶、支线飞机、特种装备等交通装备发展取得了举世瞩目的成就，已成为交通装备大国，但总体上"大而不强"，仍然存在创新能力不强、基础技术水平不高、部分关键零部件缺失等亟待破解的难题，与交通强国建设目标要求还有一定差距，必须着力优创新、强基础、补短板、促转型，为交通强国建设提供关键基础支撑。

（一）在汽车领域

要加快推动人工智能、5G 通信、物联网、大数据等新兴技术与汽车的融合创新，加强智能网联汽车技术和产品研发，着力突破车路协同技术、智能驱动技术，车联网无线通信技术实现规模化商业应用。通过车与车、车与路等信息交互和共享，大幅提升道路交通效率和安全水平，具有高级别自动驾驶功能的智能网联汽车得到广泛应用。推动城市公共交通工具和物流配送车辆实现电动化和清洁化。

（二）在轨道交通装备领域

要加快推进智能无人驾驶动车组、3 万吨级重载列车、时速 250 公里级高速轮轨货运列车、地铁全自动运行系统、时速 160 公里以上快捷货运等新一代轨道交通装备取得重大突破，合理统筹安排时速 600 公里级高速磁悬浮系统、时速 400 公里级高速轮轨（含可变轨距）客运列车系统、低真空管（隧）道高速列车等技术储备研发。进一步打造具有国际竞争力的智能化、绿色化、

舒适化、系列化、标准化的轨道交通装备。

（三）在船舶领域

要进一步推进新一代信息技术与船舶技术的融合，加快智能船舶研发应用；积极发展绿色船舶，推进氢燃料电池、超级电容、风帆等清洁能源和可再生能源技术在船舶领域的示范应用。实现大中型邮轮设计建造，优化提升大型液化天然气（LNG）船、超大型集装箱船等高技术船舶研制能力。

（四）在民用航空装备领域

要构建涡桨支线飞机、涡扇支线飞机、单通道大型客机、远程宽体客机等共同组成的民用航空运输装备体系，大数据及人工智能在航空领域普遍应用，提升国产飞机和发动机技术水平，加强民用航空器、发动机研发、制造和适航审定体系建设，大型客机、宽体客机、重型直升机等取得重大进展，通用航空器、无人机、航空发动机等产业化程度不断提高。

（五）在特种装备领域

要进一步推动先进港口机械，隧道工程、整跨吊运安装设备等工程机械装备，水下机器人、深潜水装备、大型溢油回收船、大型深远海多功能救助船等新型装备的研制开发；要适应新业态新模式快速发展的需求，积极发展无人机（车）、地下物流配送承载工具、智能分拣输送系统、物流机器人等。

此外，还要顺应人民过上美好生活的新期待，积极开展跨界合作与联合创新，加快发展旅游专列、旅行房车、邮轮游艇、低空飞行器等新型旅游装备，培育发展新动能，增强发展新动力，满足人民日益增长的多样化、个性化消费需求。

三、加快推动交通装备高质量发展迈上新台阶

建设交通强国是以习近平同志为核心的党中央立足国情、着眼全局、面向未来作出的重大战略决策。交通装备为交通强国建设提供强有力的关键基础支撑责无旁贷。交通装备行业将以习近平新时代中国特色社会主义思想为指导，认真贯彻落实党的十九大和十九届二中、三中全会精神，以供给侧结构性改革为主线，坚持新发展理念，按照"创新引领、补齐短板、智能升级、绿色发展"的总体思路，着力提升产业基础能力和产业链水平，加快构建先进

适用、完备可控的交通装备体系，积极推动交通装备高质量发展迈上新台阶。

（一）强化创新驱动，攻坚交通装备的关键核心技术

组织实施好大飞机、"两机"等国家科技重大专项，积极推进 C919 研制工作，启动 CR929 宽体客机、重型直升机项目研制；加快长江发动机 CJ-1000A、1000 千瓦级民用涡轴发动机等重点型号研制。组织实施天然气水合物钻采船工程开发、船用低速机、智能船舶 1.0 等重点项目。加强国家智能网联汽车创新中心、国家先进轨道交通装备创新中心等建设，推动关键核心技术和产品的研发及产业化。

（二）着力突破短板，提升产业基础能力和产业链水平

统筹利用现有政策资源，针对新能源汽车与智能网联汽车、新一代轨道交通装备、高技术船舶、航空装备等领域，开展关键核心技术、基础技术和共性技术研究，着力支持智能网联汽车、大中型邮轮、航空装备等重点项目持续研发及产业化，突破高端轴承、高端液压件等关键零部件瓶颈，打造一批技术先进、质量优良、信誉度高的交通装备品牌，全面提升交通装备产业链、价值链和供应链水平。

（三）深化智能转型，培育壮大智能化交通装备

推动汽车与电子信息、软件、互联网等领域的联合与协作，组织开展智能网联汽车测试试点和规模化应用示范，加快构建智能网联汽车发展的开放式生态体系。充分利用传感、网络传输、人工智能等技术，全面提升轨道交通装备的智能化水平。加快突破船舶航行态势智能感知、自动靠泊等核心技术，实现远程遥控、自主航行等典型场景试点示范。积极推进 5G 通信、大数据、人工智能等新兴技术在航空装备领域的应用。

（四）坚持绿色为本，加快发展新能源、节能环保交通装备

编制《新能源汽车产业发展规划（2021—2035 年)》，做好双积分政策修订与实施工作，推动开展氢燃料电池汽车示范运行，协同推进新能源汽车产业创新发展。促进轨道交通装备新型车体材料、节能牵引传动等绿色技术发展。加强节能环保船型及关键配套设备研发，推进绿色船舶、船舶岸电等成果应用和产业化。积极推广新能源、清洁能源、轻量化交通装备。

坚持以人民为中心
大力预防和减少道路交通事故
持续推进道路交通安全现代治理体系建设

公安部　杜航伟

道路交通是维系国民经济发展的重要生命线，维护道路交通安全畅通，对促进经济社会发展、保护人民生命财产安全具有重要意义。《交通强国建设纲要》就道路交通安全主题，从提升本质安全水平、完善交通安全生产体系、强化交通应急救援能力三个方面，对建立完善可靠、反应快速的安全保障作出了全面要求，坚持以人民为中心的发展思想，为道路运输安全强基固本，为人民出行顺畅保驾护航，以安全促进畅通有序，以安全保障美好需要，推动交通高质量发展。

一、现实基础

近年来，在党中央、国务院的高度重视下，在公安部党委的正确领导下，全国公安机关及其交通管理部门以习近平新时代中国特色社会主义思想为指引，紧紧围绕保安全、保畅通、防事故，坚持专项治理与"四个治理"相结合，坚持防范重特大交通事故发生与压减交通事故死亡总量并重，注重理念、制度、机制、方法创新，注重协同共治、共建共享，强化责任担当，狠抓措施落实，全力确保全国道路交通安全形势持续稳定。2018年，在汽车增加2285万辆、机动车保有量达到3.27亿辆，驾驶人增加2255万人、突破4.09亿人，道路通车里程新增8.6万公里的情况下，道路交通安全形势稳中向好，道路交通事故死亡人数同比下降，重特大道路交通事故起数明显减少、再创新低。一次死亡 3 人、5 人以上事故分别下降 22.9%、14.9%，一次死亡 10 人以上重特大道路交通事故发生 5 起、下降 44.4%，全年有 9 个月未发生重特大道路交通事故。2019 年上半年，全国道路交通事故预防工作实现"四个明显下降、三个前所未有"，即道路交通事故死亡人数同比下降 28.4%，一次死亡 3 人以上较大交通事故同比下降 31.3%，一次死亡 5 人以上较大交通事故同比下降 37.5%；未发生一次死亡 10 人以上重特大交通事故，同比减少 3 起、下降 100%。其中，连续 44 天未发生 5 人以上较大交通事故，上半年重特大交通事故"零发生"，超过 230 天未发生重特大交通事故，为道路交通管理体制改革以来前所未有。

（一）强化顶层规划设计，修订完善法规标准

组织制定《道路交通安全"十三五"规划》，围绕建安全路、造安全车、培养安全交通参与者、培育交通安全文化，明确了"十三五"时期我国道路交通安全工作的指导思想、规划目标、7 项主要任务、6 项重大工程，力争从基础上、源头上提升我国道路交通事故预防工作水平。推动修改《中华人民共和国道路交通安全法》，多次论证完善，反复征求意见，形成建议稿。积极推动最高人民法院、最高人民检查院联合起草办理危险驾驶刑事案件适用法律若干问题的意见。修订施行《道路交通事故处理程序规定》（公安部令第 146 号），修订发布《道路交通事故处理工作规范》《道路交通事故现场勘查要则》和《道路交通事故案卷文书》等规范标准，推进事故处理规范化，建立和完善了较大交通事故深度调查制度，大力破解事故预防难题和顽症。成立全国道路交通管理标准化技术委员会，发布实施 23 个国家和行业标准，提升交通管理标准化工作水平。贯彻落实中共中央办公厅（以下简称"中办"）、国务院办公厅（以下简称"国办"）《地方党政领导干部安全生产责任制规定》，专题部署推动党委、政府落实属地责任；联合有关部门制修订《道路旅客运输企业安全管理规范》《道路运输安全生产工作计划（2018—2020 年)》，强化道路运输监管，落实企业主体责任。按照"以事故防事故"思路，修订发布《道路交通事故处理程序规定》。

（二）加强常态化分析研判，全面消除源头安全隐患

制定下发《道路交通安全形势分析研判工作规范（试行）》，部署建立部、省、市、县四级交通安全常态化分析研判机制，有效提升事故预防工作的针对性、有效性。研究制定《公安交通管理大数据分析研判平台建设指导意见》，稳步推进公安交通管理大数据分析研判平台建设，已汇聚数据1700多亿条，为研判工作提供平台支持。持续开展重点车辆、人员、问题企业风险隐患和违法行为"清零"行动，路面源头齐发力，依托机动车缉查布控系统对重点违法行为实施精准拦截打击，对异地隐患进行跨省联动清查。持续清零"两客一危一货"车辆隐患，检验率、报废率均超过99%，重点驾驶人审验率、换证率均达98%。部署开展农村面包车专项治理，督促248万多辆面包车录入信息系统纳入监管视线、5万辆整改不合格遮阳膜，现场查处违法同比上升7.9%。针对农村交通安全短板，大力推广"两站两员一长""一车一灯一带"等经验做法。联合交通运输部门深入实施公路安全生命防护工程，完成18.9万公里急弯陡坡、临水临崖等危险路段的隐患治理。汇集全国72名事故处理、检验鉴定、车驾管理、道路安全专家，组建道路交通事故深度调查专家组，制定《道路交通事故深度调查工作规范》和《专家组管理办法》，举办培训班，召开推进会，全面推动交通事故深度调查。2018年各地对530起较大以上交通事故开展深度调查，发现各类安全隐患问题1132个，追究了驾驶人以外622名责任人刑事行政责任，实现了倒逼整改和责任落实"双推动"。

（三）开展严重交通违法常态治理，加强路面执法管控力度

深化公安交通集成指挥平台建设应用，完善重点违法管控、勤务监督等功能，全国联网接入卡口6万余个，监控视频近10万路，日均确认预警信息近10万条、下达拦截指令7万余条、查获各类违法嫌疑车辆2万余辆，极大提高了执法针对性、精准性。针对超限超载，会同交通运输等部门联合印发《促进道路货运行业健康稳定发展行动计划（2017—2020年）》《规范公路治超执法专项整治行动工作方案》和《治理车辆超限超载联合执法常态化制度化工作的实施意见（试行）》，联合召开电视电话会议，深入推进公路治超联

合执法常态化制度化,并在山西省大同市召开现场会,推广先进经验,部署进一步规范公路治超执法。会同交通运输部、工业和信息化部联合下发通知推进车辆运输车治理,与行业企业座谈,督促3.2万辆不合规车辆全部按期退出市场,成为社会共治典范。针对酒驾醉驾,在世界杯、节假日期间集中开展了12次夜查全国统一行动,重点时期部署各省每周统一行动,每天路检路查,全年全国酒驾醉驾查处量同比增加14.1%。针对涉牌涉证,应用大数据技术,坚持网上网下联动、路面源头共治,组织开展打击假牌套牌假证违法行为专项行动,共查缉假套牌车辆2.53万辆、查扣假牌1.72万副、假证8800余本。针对超员超速、强超强会,部署开展国省道交通秩序集中整治,重点道路全线联管、区域联动,统一行动日均现场查处"两客一危"重点违法8万余起,国省道事故死亡人数下降10%。

(四) 狠抓城市交通治乱疏堵,提升城市安全畅通水平

以城市交通文明畅通提升行动为载体,以勤务机制改革为突破口,以治乱疏堵为主攻方向,深入推进城市交通管理科学化、精细化、智能化。一是抓载体、聚合力,城市文明畅通提升行动向纵深推进。会同中央文明办等部门召开专题会议部署推进,制定评价指标体系,组织开展测评,推动重难点问题治理。举办9期专家讲座,指导基层创新管理。组织资深专家带队深入36个大城市,实地会诊道路交通问题,向当地党委、政府反馈意见建议,推动建立健全缓堵治堵工作机制。从第三方评估看,36个大城市高峰交通延误指数持续下降。二是抓效能、建机制,城市交通管理现代警务机制基本建成。先后在长沙、杭州召开推进城市交通管理勤务和警务机制改革现场会,推广先进经验,部署构建"情指勤督"一体化现代勤务机制,深化拓展打造"数据研判+秩序管控+信号控制+交通优化+N"的现代警务机制升级版。在广州、深圳召开城市道路交通事故预防工作现场会,推动加强城市交通事故预防,全力压减城市道路交通事故死亡总量。制定《关于进一步推进城市道路交通管理勤务机制改革的指导意见》,明确目标任务和工作措施,每月调度点评通报,36个大城市基本建成了四位一体现代警务机制,道路管控效能进一步提升。三是抓细节、治乱象,城市交通秩序持续改观。继续开展以"不礼让斑马线"和电动自行车为重点的"2+N"治乱疏堵行动,制定《关于进一步加强机动车不礼让斑马线治理工作的指导意见》，推动常态治理，查处量同比增长4.5倍。探索外卖电动自行车警社合作、警企共治，联合中国物流协会召开视频会，向全行业发出倡议书，推动企业落实管理责任。抓住发布新国标《电动自行车安全技术规范》（GB 17761—2018）的契机，积极协调工业和信息化部、国家市场监督管理总局制定加强电动自行车管理的意见，强化生产、销售源头监管。会同工业和信息化部等六部门联合发布《关于加强低速电动车管理的通知》（工信部联装〔2018〕227号），部署各地政府开展低速电动车清理整顿，从源头加强规范管理。

（五）推进"放管服"改革，满足新时代人民美好生活需要

认真贯彻落实以人民为中心的发展思想，以"放管服"改革为牵引，带动理念思路、方式方法、体制机制全面创新，推出一系列覆盖广、力度大、实惠多的工作举措，服务经济社会发展，服务人民群众。一是推出20项"放管服"改革措施，亿万群众享受改革红利。公安部召开深化公安交管"放管服"改革现场推进会，印发《进一步深化"放管服"改革提升交管服务便利化的措施》（公交管〔2018〕279号），推出"申请材料四个减免""一证即办""一窗通办"等20项"放管服"改革新举措。截至目前，共减免申请材料3.1亿份，设立社会服务网点1.9万家，互联网平台用户超过2.2亿，累计提供网上服务9.8亿次，全国266万车主跨省异地检车，实现了群众办事就近能办、多点可办、少跑快办，为群众企业直接减少办事成本300多亿元。二是10项便民利民服务措施全面启动。2019年4月再次推出深化公安交管"放管服"改革10项便民利民服务措施。2019年6月1日，小型汽车驾驶证全国"一证通考"、异地分科目考试、车辆转籍信息网上转递等交管"放管服"改革10项便民利民措施全面启动推行。为群众节省交通费等费用上亿元，受到群众普遍欢迎，取得良好社会效果。联合国家邮政局等在全国推行邮政网点代办交管业务，创新警邮合作服务模式，方便群众"家门口"办理业务。目前，全国已有4000多家邮政网点开通代办服务。会同国家税务总局试点应用车辆购置税完税信息办理车辆登记业务。三是改革交通事故处理，公平正义得到进一步彰显。配合最高人民法院、司法部、银保监会等部门开展交通事故损害赔偿纠纷"网上数据一体化处理"改革试点，事故处理效率和矛盾化解水平显著提升。联合中国银行保险监督管理委员会制定《关于加强警保合作进一步深化公安交通管理"放管服"改革工作的意见》（公交管〔2018〕485号），推行事故"互碰自赔"、网上定损理赔等8项改革措施。目前全国335个城市全面启动警保联合上路机制，保险公司投入8000余名理赔员参与道路巡查和事故快处快赔。200个城市开展保险公司参与代办交管业务，启动警保合作农村"两站两员"服务点1400多个。当事人通过互联网在线定损理赔事故5000余起，通过手机App快速处理事故14000余起。大力推广交通事故处理执法办案系统，实现案件受理、审批、监督、考评全流程网上一体化运行。

（六）大力开展宣传教育，弘扬文明交通新风尚

积极推进驾驶人违法记分满分教育和审验教育学习平台试点，修订工作规范，完善课程管理等40余项功能，25万人通过网络完成"两个教育"。联合交通运输部大力推进文明交通进驾校"五个一"活动，全国1934所一级驾校基本落实"五个一"要求。会同中央文明办等7部门组织开展以"细节关乎生命 安全文明出行"为主题的"122"全民宣传教育活动，联合中广联交宣委开展"畅行中国 交警同行"交通安全大提示活动，部署开展以"畅行安全路、幸福奔小康"为主题的交通安全进村入户宣传活动，打造主题宣传品牌。全天候、全时段运营"双微"平台，累计阅读量达15亿，在中央电视台滚动播出交通安全提示19批4.7万余条次，形成浓厚社会氛围。

二、重点任务

下一步，全国公安机关将以习近平新时代中国特色社会主义思想为指导，强化"四个意识"，提高政治站位，全面贯彻落实全国公安工作会议精神，紧紧围绕平安中国、法治中国、交通强国建设和乡村振兴战略，坚持以人民为中心的发展思想，坚持公路安全与城市畅通并重，坚持政治建警、改革强警、科技兴警、从严治警，更加注重源头治理、协同共治，更加注重深化改革、科技应用，更加注重提升执法服务水平、提升文明守法意识，着力提高交通管理科学化水平，大力推进交通安全治理能力现代化，努力实现交通更加安

全畅通、执法更加公正规范、服务更加优质高效，不断满足人民平安出行需要，切实增强人民获得感、幸福感、安全感。

（一）紧紧围绕安全畅通中心任务，更加注重源头治理、协同共治，积极打造共建共治共享的道路交通治理格局

中共中央政治局委员、中央政法委书记郭声琨在中央政法工作会议上强调，要把防事故、保安全、保畅通作为道路交通安全管理目标，健全重点单位、车辆、道路常态监管机制和疲劳驾驶等突出问题查控机制，严防发生重特大交通事故。国务委员、公安部部长赵克志在全国公安厅局长会议上要求，坚持公路安全与城市畅通并重，强化源头治理，推动协同共治，着力提高交通管理科学化水平，坚决预防重特大交通事故。要狠抓落实，着力推动党政主导、部门共管、全民共治、源头防治，积极打造共建共治共享的道路交通治理格局，确保道路交通安全形势持续稳定、城市交通秩序持续改观。一是着力推动道路交通治理从"交警主导"向"党政主导"转型。深入贯彻中办、国办印发的《关于推进城市安全发展的实施意见》（中办发〔2018〕1号）和国务院安委办发布的《道路交通安全"十三五"规划》，推动党委、政府加强组织领导，发挥部门单位职能作用，形成安全共治合力。推动将城市道路交通文明畅通提升行动计划纳入政府工程，完善属地为主、条块结合的城市交通综合治理机制。以实施《电动自行车安全技术规范》（GB 17761—2018）和工业和信息化部等六部委《关于加强低速电动车管理的通知》（工信部联装〔2018〕227号）为契机，推动地方政府制定过渡期管理规定，稳妥有序解决超标电动自行车和"老年代步车"违规生产、销售、使用问题。以平安乡村建设为契机，推动落实乡镇政府和村委会交通安全监督管理责任，将农村交通安全治理纳入县乡村三级综治体系，探索实施"路长制"。二是着力推动道路交通治理从"一元管理"向"多元治理"转变。更加注重利用市场机制开放架构，广泛吸纳市场主体、社会力量、人民群众参与道路交通治理，构建全民共商、共建、共治、共享新局面。积极会同卫生、保险等部门完善应急救援机制，健全交通事故伤员急救体系，降低交通事故致残率和致死率。协调交通运输部门重点加强对面向农民招生驾校的监督指导，提高驾校教育水平。全面推广应用农村交通安全管理信息系统，以警保合作推进农村"两站两员"建设，发挥好农村"两站两员"作用。以邮政寄递、外卖行业为重点，推动行业履行监管责任、企业落实主体责任，严管快递、送餐车辆交通秩序。三是着力推动道路交通治理从"末端管理"向"源头治理"延伸。紧盯"两客一危"和校车、货车等肇事肇祸重点车辆，固化隐患滚动"清零"机制，强化源头防范。针对重特大交通事故暴露出的道路、车辆问题，推动相关部门完善道路设计和车辆安全标准，提升道路、车辆本质安全水平。统筹城市规划、建设、管理三大环节，推动完善城市交通规划，改善交通出行结构，增加交通和停车供给，治理交通拥堵、出行难、停车难等问题。

（二）充分依靠科技信息化手段，更加注重大数据、人工智能应用，大力推进交通管理科学化、智能化和精准化

按照公安部党委关于实施公安大数据战略、建设智慧公安的部署要求，进一步改进传统交通管理工作，不断提高交通管理科学化、智能化、精准化水平。一是加强大数据研判分析，让决策更科学。加快建设交通管理大数据分析研判平台，研发大数据分析研判模型，提高预测预警能力。健全完善部、省、市、县四级研判机制，切实将数据优势转化为决策优势、管理优势。增强服务意识，健全面向各地、面向基层的数据开放服务机制，把汇集的数据更多更好地服务基层一线、服务交管实战，并为基层多开端口，扩大授权范围，引导基层学会分析、主动应用。同时，强化数据安全保护，严防各类攻击、篡改、窃密活动，严防泄露公民个人信息。二是加速现代科技应用，让管理更智能。科技是突破传统手段瓶颈最强大的力量。要进一步加大科研成果转化应用力度，积极推广高速公路隧道事故报警系统、团雾监测报警系统、雾区自动引导及防撞系统等新技术，破解隧道安全管理、团雾应急管理难题。推广应用交通集成指挥平台，让镜头站岗、鼠标巡逻、电脑识别，对违法车辆自动发现、自动记录、自动推送、自动报警。构建城市交通智慧大脑，加快城市智能交通管理系统建设，逐步实现道路状况自动感知、交通态势自动研判、信号控制自动调整、交通违法自动监测、路况信息自动发布。三是改革交通管理勤务机制，让指挥更精准。科技与改革融合，必将迸发出巨大创造力。要加快构建大数据支撑、精准化应用的警务实战新机制。深化公路交

通安全防控体系建设应用，构建交通监控系统发现预警、集成指挥平台调度指挥、交警执法站拦截检查"三位一体"的新型公路交通管理勤务机制，提高公路防控和精准查缉能力。城市要依托公安交通指挥中心，构建情报研判主导、高效扁平指挥、精准机动勤务、实时监督监管"四位一体"的现代城市交通管理勤务机制，实现精准治堵。

（三）全面推进科学立法、严格执法，更加注重以法治思维治理顽症难题，努力提高严格规范公正文明执法水平

全面依法治国是国家治理的一场深刻革命。我们要积极适应全面依法治国新要求，坚定不移厉行法治，始终坚持严格规范公正文明执法，做到"两个提升"，即对内提升执法管理水平和依法服务水平，以适应新时代人民群众需要；对外提升驾驶人尊法守法意识和文明驾驶意识，以适应道路、车辆、驾驶人高速增长需要。一是加快推进科学立法。积极推进《中华人民共和国道路交通安全法》修订。指导各地积极推动地方立法，解决电动自行车、低速电动车、城市停车等执法难题，应对网约车、共享单车、共享汽车等新业态快速发展带来的管理问题。二是毫不动摇严格执法。坚持常态严管，建立健全严重交通违法常态治理机制，紧盯"两客一危"、校车、货车、农村面包车和电动自行车、低速电动车，严查"三超一疲劳"、酒驾醉驾毒驾、假牌套牌、闯红灯、不礼让斑马线等致祸致乱致堵的突出违法行为，严打涉牌、涉酒、涉证等违法犯罪活动。加大事故深度调查力度，倒逼相关部门、企业落实安全管理责任。三是更加重视规范执法。严格执行法律、准确适用法律，坚持突出重点、执法适度、区分情节、分类处理，坚决防止违法执法、过度执法、趋利执法；规范执法流程、明确执法标准，下大力气抓好执法教育培训，切实把规范执法要求转化为交警辅警的行为习惯；完善监督手段、加强执法监督，深化执勤执法记录仪使用管理，用好信息系统和监管平台，确保所有执勤执法活动有据可查、可回溯式管理。同时，要完善"三同步"机制、落实"三同步"要求，严防个案问题形成舆论炒作、形成重大公共危机事件。

（四）大力弘扬生命至上、安全第一理念，更加注重新时代汽车文化培育，不断增强全民规则意识、企业责任意识和社会诚信意识

有序的交通治理、良好的交通秩序建立在高度的交通文明基础之上。要主动将交通文明建设融入文化强国建设，积极培育新时代汽车文化，厚植汽车社会安全文明根基。一是强化全民规则意识。现代社会是规则社会，法治首先是规则之治。强化交通规则意识，通过对一个个具体规则、一起起典型案例进行反复宣传引导，让交通规则融入每个人的血脉，发自内心地遵守，形成良好的行为习惯。既要坚持以法律规则为准绳，也要发挥社会规则的积极作用，引导农村基层组织制定完善交通安全村规民约，增强农民群众的主体意识、规则意识。二是强化企业责任意识。强化企业的主体责任意识，推动企业树立安全发展理念，弘扬生命至上、安全第一的思想，完善安全生产责任制，管好自己的车、管好自己的人。强化企业的社会责任意识，打造"交通安全公益联盟"，引导企业做安全公益、尽社会责任。强化企业的法律责任意识，发生交通事故，要依法严格追究道路运输、道路建设养护、车辆生产、源头装载等企业和责任人的责任，倒逼企业整改消除隐患。三是强化社会诚信意识。党的十九大要求推进诚信建设，要以此为契机，配合发展改革、交通运输等部门，进一步落实交通出行领域信用建设，加大守信联合激励、失信联合惩戒力度，构建起"一处失信、处处受限"的信用惩戒大格局，让失信者寸步难行。坚持春运信用建设做法，推进严重交通违法行为公开公示常态化，及时通过媒体网站公布严重交通违法行为，并向"信用中国"网推送。

打造精良专业、创新奉献的人才队伍为交通强国建设发挥保障引领作用

人力资源和社会保障部　汤涛

党的十九大报告提出，要构建现代化经济体系，支撑 2050 年现代化强国目标的实现，要大力推进人才强国、交通强国、制造强国等战略的实施。党中央高屋建瓴，立足国家发展全局，以深邃的历史眼光、深刻的时代洞察力，提出了"人才是实现民族振兴、赢得国际竞争主动的战略资源"的重要论断。习近平总书记深刻指出，"发展是第一要务，人才是第一资源，创新是第一动力。"习近平总书记对发展、人才、创新三者关系的深刻阐述和精准定位，是指导各行各业工作开展的指南。

加快实施人才强国战略是时代赋予我们的重要使命。放眼全球，当今世界经济全球化深入发展，世界范围内创新要素加速流动，知识创造和技术创新进程加速，新一轮科技革命和产业变革蓄势待发，全球经济格局面临重新站位的趋势。抢占科技制高点，赢取未来发展先机，世界各国都把高端人才开发、增强核心领域创新能力提到了国家战略核心层面。综观国内，经济发展新常态成为最大的背景，通过动能转换、产业升级来保持经济的稳定增长，是我国发展的方向。经济要实现新动力、优结构、可持续，将更多依靠人力资本质量和技术进步。

加快人才强国建设，推动我国由人口大国向人才强国转变，要坚持党管人才的原则，确立人才引领发展的战略地位，加快确立人才优先发展战略布局，形成尊重劳动、尊重知识、尊重人才、尊重创造的氛围。其中，以高层

次、高技能人才为重点打造高素质人才队伍是整个人才队伍建设的战略重点。要紧紧围绕创新驱动发展战略，主动跟进和对接经济结构调整，大规模开发培养"两高"人才，进而带动整体人才队伍不断发展壮大。以经济社会发展需求为导向，围绕产业链、科技链打造人才培养链，增强企业自主创新能力，完善产学研协同创新体系，着力打造一批能够突破关键技术、引领学科发展、带动产业转型的领军人才。加大高技能人才培养力度，健全和完善以企业行业为主体、职业院校为基础、学校教育与企业培养紧密联系、政府推动与社会支持相互结合的高技能人才培养体系，加快培育支撑中国制造、中国创造的高技能人才队伍。要扎实推进人才体制机制改革和政策创新，以用好用活人才为核心，紧紧围绕重点领域和关键环节推进改革创新，破除人才成长和发挥作用的体制机制障碍。建立健全人才公共服务体系，推动政府人才管理职能向创造良好环境、提供优质服务、营造创新生态体系转变。

交通强国是现代化强国建设的重要组成部分，交通运输人才是国家人才队伍中不可或缺的行业队伍。加强交通运输人才队伍建设，既是破解交通行业发展难题的有效方案，也是实现交通强国战略目标的有力保障，更为人才强国建设探索了积极的行业实践。

《交通强国建设纲要》明确提出了"人才队伍精良专业、创新奉献"的总体要求，并提纲挈领地指出了交通科技人才、劳动者大军、干部队伍建设的主要任务和目标，充分体现了加强交通运输人才队伍建设的信念与决心。

一、交通强国建设需要高水平科技人才的创新引领

交通科技人才是交通运输行业专门人才的创新主体，是交通运输事业取得辉煌成就、保持蓬勃发展的关键决定因素，因而也是交通运输人才队伍建设的重点。自"八五"期末以来，交通运输部针对科技人才现状，结合人才工作涉及的各个环节，出台了一系列政策文件，对交通运输科技人才队伍建设起到了巨大的推动作用。这些政策囊括了战略性的人才规划和专项的专业技术人才培养、激励、管理政策，以及与科技人才队伍建设紧密相关的科研管理、职称评审等方面的政策。伴随新时代交通强国建设战略目标的提出，科技人才队伍建设的相关政策需要与时俱进，进一步得到加强和完善。

与此同时，处于交通科技人才"塔尖"的领军人才，在交通强国建设中发挥着举足轻重的作用。近年来，交通运输业正处在大力推进现代化的黄金时期，尽管我国建设了一大批科技含量高、技术难度大、社会影响广的铁路、公路、水路、民航等基础设施，但是具有重大国际影响力的顶级专家却很少，包括两院院士和设计大师在内的创新型交通科技领军人才仍然缺乏。

为此，着力造就一批高水平的交通科技人才，尤其是具有国际水平的战略科技人才、科技领军人才、青年科技人才和创新团队，培养交通一线创新人才，推进交通高端智库建设等，是新时期交通运输人才队伍建设的战略重点。首先，要紧紧抓住交通运输发展中的重大关键技术，以重大科研项目为舞台，以交通运输行业重点科研平台为基地，以国际学术交流与合作项目为契机，造就一批国内一流、国际知名的交通运输科技领军人才。其次，要通过交通运输重点项目培养和锻炼，造就更多优秀的学术和学科带头人，形成一批在国内有较高知名度和影响力的专家，对发展潜力大、有望成为院士级的年轻优秀人才，有目的、有计划地放在交通重大项目中锻炼培养，尽力提供成长条件，加快造就一批拔尖人才。再次，要进一步健全完善梯次衔接的高层次人才选拔培养机制，建立健全长期稳定支持机制和联系服务制度，解决高水平科技人才、特别是智库专家的后顾之忧。

二、交通强国建设需要素质优良交通劳动者大军的坚实保障

习近平同志指出，"我们要始终高度重视提高劳动者素质，培养宏大的高素质劳动者大军。劳动者素质对一个国家、一个民族发展至关重要。"交通劳动者大军是交通运输行业的广大从业人员，是交通运输各项事业发展的奠基人，其中的高技能人才是交通运输专门人才的规模主体。交通运输行业要加大人才队伍规模、优化人才队伍结构、提高人才队伍素质，建设总量充足、结构合理、素质较高的交通运输人才队伍，其主要对象就是交通劳动者大军中数量庞大的高技能人才。

为贯彻落实中共中央、国务院《关于进一步加强人才工作的决定》（中发〔2003〕16号）和《关于实施科技规划纲要增强自主创新能力的决定》（中发〔2006〕4号）等精神，加快高技能人才队伍建设，充分发挥高技能人才在国

家经济社会发展中的重要作用,中共中央办公厅、国务院办公厅印发实施《关于进一步加强高技能人才工作的意见》(中办发〔2006〕15号)。多年来,交通运输行业认真贯彻落实国家对高技能人才工作提出的要求,出台了《交通运输部关于提升交通运输从业人员素质的指导意见》(交人教发〔2015〕180号)等一系列政策文件,在积极推进高技能人才队伍建设中,正确把握行业发展与人才发展的关系,取得了显著成绩,积累了丰富经验。但与交通强国建设的更高要求相比,此类人才发展在结构、素质和分布等方面还存在一些问题和需求。

从全国范围看,弘扬劳模精神和工匠精神如今已经被提升到前所未有的高度,造就一支素质优良的知识型、技能型、创新型劳动者大军,在交通运输人才队伍建设整体工作中的重要性和紧迫性愈加凸显。一方面,根据交通运输行业和劳动力市场的实际需要,针对现代交通运输业高技能人才短缺的突出问题,需要以职业能力建设为核心,紧紧抓住技能培养、考核评价、岗位使用、竞赛选拔、技术交流、表彰激励、合理流动、社会保障等关键环节,完善政策,创新机制,健全和完善企业培养、选拔、使用、激励高技能人才的工作体系。另一方面,要更加重视构建适应交通强国建设需要的现代职业教育体系。现代工业强国的产业工人队伍建设基本遵循两条路径,即职业教育和职业培训,其中职业教育是培养技术工人的主要途径。交通运输行业要重点针对责任重大、专业性强,特别是关系国家和人民生命财产安全的关键岗位,明确行业技能类岗位需求,制定完善交通运输行业职业资格制度框架,最终促进形成有利于高技能人才成长和发挥作用的制度环境和社会氛围;促进广大劳动者整体素质的提高和总量规模的发展壮大,为中国制造和中国创造提供支撑。

交通强国建设任重而道远,交通运输部、人力资源社会保障部将共同携手,进一步完善政策制度,优化发展环境,着力培育精良专业、创新奉献的交通运输人才队伍,切实增强交通运输行业广大从业者的事业荣誉感和职业获得感,为交通强国建设提供坚强人才保障。

科学编制国土空间规划
有力推动交通强国建设

自然资源部　赵龙

建设交通强国是以习近平同志为核心的党中央立足国情、着眼全局、面向未来作出的重大战略决策，是建设现代化经济体系的先行领域，是全面建成社会主义现代化强国的重要支撑。国土空间规划作为国家空间发展的指南、可持续发展的空间蓝图，是综合交通体系建设等各类开发保护建设活动的基本依据。科学编制国土空间规划，充分发挥国土空间规划对交通等各专项规划的统筹安排和指导约束作用，将有力推动交通发展由规模速度向质量效益转变，促进交通一体化融合发展，构建安全、便捷、高效、绿色、经济的现代化综合交通体系。

一、准确把握当前交通基础设施建设中存在的空间利用问题及面临挑战

近年来，我国交通基础设施建设取得了长足进步和巨大成就。高速公路、普通干线公路网络已初步形成，高铁、机场、轨道交通、快速路网等建设取得突破性进展，有力有序的土地供应和空间保障发挥了重要作用。据土地利用变更调查，截至2017年，全国交通运输用地884.88万公顷（其中铁路53.69万公顷、公路304.48万公顷、农村道路513.85万公顷、机场7.35万公顷、港口码头4.54万公顷、管道运输0.97万公顷），2009至2017年新增交通运输用地90.67万公顷（其中铁路14.31万公顷、公路71.21万公顷、农

村道路1.97万公顷、机场1.80万公顷、港口码头1.23万公顷、管道运输0.15万公顷)。

但是,当前交通基础设施建设中空间利用还存在不少问题,主要表现在以下几个方面:一是各种交通运输方式与国土空间开发保护统筹协调不够,区域与城乡综合运输结构和布局需进一步优化,城市群、都市圈协同发展中的交通支撑能力有待进一步提升。二是部分交通基础设施规划布局统筹不够,交通基础设施建设在部分地区发展不平衡、不充分的矛盾有待解决。三是部分交通基础设施建设和使用中,资源环境承载能力和国土空间开发适宜性考虑不足,交通基础设施建设节约集约用地水平有待提高,对生态环境保护修复重视不够,对生态环境造成一定扰动。四是国土空间规划对专项规划的指导约束作用需进一步强化,交通规划与国土空间规划"一张图"的协调一致性有待加强等。

随着我国经济社会不断发展,国际地位持续提升,我国交通基础设施空间利用将面临诸多挑战。在"一带一路"和区域协调发展大格局下,基础设施互联互通需求不断加大,跨区域交通基础设施需求增加;既有交通网络与城市、产业格局不匹配,基础设施布局粗放低效和不可持续发展问题凸显;各种运输方式加强统融协作,客、货运需求结构优化调整,交通运输全行业进入转方式、调结构、促发展的关键期;新技术、新模式、新业态不断发展,技术创新存在诸多不可预见性,新型基础设施的应用将冲击既有设施体系和空间秩序等,对国土空间利用保护提出挑战,国土空间规划的前瞻性需进一步提升,适度超前规划的意识和能力还有待进一步增强。

二、正确处理新时代综合交通规划与国土空间规划的关系

国土空间规划是各类开发保护建设活动的基本依据,是对一定区域国土空间开发保护在空间和时间上作出的安排。国土空间规划立足节约优先、保护优先,服务生态文明建设,促进绿色发展;立足以人民为中心,建设美丽家园,满足人民高品质生活的需要;立足提高资源供给质量和效益,服务供给侧结构性改革,促进现代经济体系建设;立足全面深化改革,服务创新驱动,促进国家空间治理体系和治理能力现代化。

国土空间规划具有战略性、科学性、协调性、权威性、操作性。战略性，就是坚持永续发展，落实新理念、新思想，体现国家意志，引领国土空间保护、开发、利用和修复；科学性，就是尊重自然规律、经济规律、社会规律和城乡发展规律，坚持生态优先的底线思维，坚持"五位一体"，坚持"以人民为中心"；协调性，就是以国家发展规划为统领，以国土空间规划为基础，强化国土空间规划对各专项规划的指导约束作用；权威性，就是"多规合一"后，坚持先规划、后实施，不得违反国土空间规划进行各类开发建设活动，规划一经批复，任何部门和个人不得随意修改、违规变更；操作性，就是确保规划能用、好用、管用。

交通基础设施是国土空间规划的核心要素之一，重大交通枢纽、重要线性工程网络布局等都是国土空间总体规划的重点内容。综合交通规划既是交通基础设施的顶层设计，更是国土空间规划体系建设中一项重要的专项规划。国土空间规划通过对空间资源的合理优化、高效配置，一方面综合考虑交通建设特点，满足交通建设国土空间需求，围绕交通体系构建，对国土空间开发保护作出专门性安排；另一方面强化对综合交通规划的指导约束，发挥战略引领和刚性管控作用，做好交通建设项目在空间和结构上的统筹。综合交通规划应与国土空间规划同步编制、互动协同、确保衔接，规划成果纳入国土空间规划"一张图"，作为综合交通体系建设的重要依据。

三、科学编制国土空间规划，优化交通发展格局

科学编制国土空间规划，充分发挥国土空间规划的指导约束作用，将交通基础设施建设作为国土空间规划的重要内容，科学引导未来综合交通体系的发展，统筹各类交通基础设施规划建设，完善各种交通方式的空间布局，节约集约利用自然资源，严格落实交通生态环境保护修复，促进形成区域交通协调发展新格局。

（一）科学规划统筹，合理布局交通基础设施

强化国土空间规划在对外开放层面、区域协调层面和城市组织层面的统筹协调作用。国家进一步扩大开放，需要交通枢纽、重大通道等交通基础设

施网络的相应支撑，需要建立高效连接的国土空间网络，包括依托干线交通连接组合的城市体系，高效支撑的城市群、都市圈等。在区域协调层面，根据不同地区产业发展类型，优化产业用地布局，提高产业空间组织效率，需要为产业发展提供有效的交通运输支撑，加强区际快速连通，形成区域交通协调发展新格局。在城市组织层面，坚持以人为本，注重空间品质，需要更加关注各行业布局与以轨道交通为代表的高效客运体系的结合，关注产业布局与物流交通体系的结合，统筹安排城市功能和用地布局，全面提升城市交通基础设施智能化水平，充分满足市民交通出行多层次需求。

（二）以国土空间规划"一张图"为基础，统筹安排各类交通项目

在一张底板上实现"多规合一"，保持其他相关规划与国土空间规划的协调性、一致性。加强交通规划与各级国土空间总体规划的衔接，既要发挥交通"先行官"的作用，又要在国土空间规划"一张图"中协调落地。开展交通专项规划编制，将交通专项规划的核心内容纳入国土空间规划中，科学绘制"一张图"。强化国土空间规划对交通专项规划的指导约束作用，对未纳入国土空间规划"一张图"的项目，不得实施建设。

（三）着力盘活存量用地，提高节约集约用地水平

统筹交通基础设施布局，加强土地、海域、无居民海岛、岸线等资源的节约集约利用，提升用地用海用岛效率。合理控制规划新增交通用地规模，充分挖掘交通基础设施存量盘活利用潜力，加强老旧设施更新利用，提高资源再利用和循环利用水平，推进交通资源循环利用产业发展。鼓励满足居民出行的微改造，打通城市更新的毛细血管。推动交通廊道并线规划建设，减少交通廊道与枢纽占地面积，降低交通廊道对国土空间的切割，不得随意占用耕地进行道路两边绿化。加大土地综合开发支持力度，创新土地出让方式，扩大开发用地供给，优化枢纽交通地区用地配置。

（四）大力实施生态保护修复工程，推动交通绿色发展

统筹协调好交通建设与国土开发、保护的关系，特别是结合生态功能分区、自然保护地体系布局等，科学谋划国土空间开发保护格局，强化国土空间管控。交通基础设施建设中始终坚持绿色发展理念，交通条件和区位分析

纳入资源环境承载能力和国土空间开发适宜性评价，结合评价成果，统筹谋划开发利用保护修复格局。加强交通体系建设过程中的生态环境影响评估，避免因交通建设引发生态环境问题。在保障生态环境安全功能、兼顾景观功能前提下，做好交通建设后的生态修复和土地复垦，协调经济发展和生态环境保护的关系，实现人与自然和谐共处。

（五）适度超前谋划，做好交通基础设施空间"留白"

新技术、新模式、新业态对交通的影响已经上升为全球性话题，智能交通和新能源交通的发展，自动驾驶技术的应用，交通物联网的打造和覆盖主通道、主要城市道路的车路协同系统的建立，都将深刻改变空间的形态组织和结构功能。在国土空间规划中，要有适度超前意识，留足弹性空间，对未来可能实施的区域性重要交通廊道等，以"留白"方式实行规划管控，为未来发展留出空间。

四、严格实施国土空间规划，确保交通项目依法依规落地

严格实施国土空间规划，统筹安排各类交通建设项目，积极发挥国土空间规划对交通建设的空间支撑作用，保障交通项目顺利落地。

（一）严格执行国土空间规划，保障交通项目落地

对于在国土空间规划编制中预留的重大交通枢纽、重大交通基础设施、重要交通线性工程网络等廊道空间，要严格按照预留空间选线选位。交通建设项目在工程可行性研究、初步设计、施工图设计及勘测定界等阶段，严格按照国土空间规划开展相关工作，按规划提供国土空间保障。

（二）以"多规合一"为基础，推进"放管服"改革

对于符合国土空间规划的交通项目，落实"放管服"改革要求，提高建设用地审批效率，推进"多审合一""多证合一"，优化规划选址和建设用地规划许可、建设工程规划许可等审批流程，提高审批效能和监管服务水平。对于不符合国土空间规划的，不得批准用地。重大交通基础设施项目经严格论证，选址确实无法避让永久基本农田的，可在用地预审时同步上报国土空间规划修改方案和永久基本农田补划方案。在用地审批时，根据重大交通基

础设施项目最终用地范围再次确认国土空间规划修改方案和永久基本农田补划方案，确保交通项目依法依规落地。

（三）落实生态建设要求，完善交通规划设计标准

在国土空间规划实施中，以国土空间规划为基础，探索制定生态文明背景下的交通规划设计标准，确保交通项目绿色可持续。在区域交通方面，结合地区地形地貌条件，做好交通沿线景观设计，合理设置道路绿化用地，关注植物的多样性。在城市内部交通方面，按照人均道路用地面积，合理安排道路网络和密度，坚持窄马路、密路网，落实街区制，打造富有生气的街区和生活圈，合理安排和预留区域综合交通枢纽，鼓励小组团、复合化、短出行的城市出行模式。

（四）提高生态保护意识，强化底线约束

国土空间规划确定的城镇、农业、生态空间和生态保护红线、永久基本农田、城镇开发边界，是调整经济结构、规划产业发展和推进新型城镇化不可逾越的红线。交通基础设施建设要充分考虑生态环境限制性要素，设立敏感地区基础设施准入门槛和环境脆弱性应对指引，严禁违法占用生态保护红线、永久基本农田，科学预留交通基础设施工程线性通道范围，交通廊道设置和基础设施建设尽量避让生态功能重要区域和生态环境敏感区域，处理好线性基础设施与保护类空间分区、控制线之间的矛盾冲突。

（五）定期评估调整，强化实施监管

依托国土空间基础信息平台，建立健全国土空间规划动态监测评估预警和实施监管机制。建立国土空间规划定期评估制度，结合国民经济和社会发展，对规划实施情况定期评估并调整完善，及时满足综合交通体系建设对国土空间的需求，为落实《交通强国建设纲要》提供支撑保障。

打好柴油货车污染治理攻坚战 建设绿色交通运输体系

生态环境部　赵英民

我国已连续十年成为世界汽车产销第一大国，随着汽车保有量的不断增加，汽车等移动源大气污染问题日益突出。特别是北京、上海、深圳等大中型城市，移动源已经成为细颗粒物（$PM_{2.5}$）污染的第一来源。在重污染天气期间，贡献率会更高。同时，由于机动车大多行驶在人口密集区域，尾气排放直接威胁群众健康。

党中央、国务院高度重视移动源大气污染防治工作。习近平总书记在中央财经委员会第一次会议上指出，打好污染防治攻坚战，要打几场标志性的重大战役，坚持源头防治，调整运输结构，打好柴油货车污染治理攻坚战。中共中央、国务院《关于全面加强生态环境保护 坚决打好污染防治攻坚战的意见》（中发〔2018〕17号），对打好柴油货车污染治理攻坚战进行了进一步部署。国务院《打赢蓝天保卫战三年行动计划》（国发〔2018〕22号），提出要制定柴油货车污染治理攻坚战行动方案，实施清洁柴油车（机）、清洁运输和清洁油品行动，发展绿色交通体系。

经过近年来的持续努力，我国移动源大气污染防治工作取得显著进展，各部门分工配合、"油、路、车"统筹治理的移动源大气环境管理格局已经初步形成，主要体现在以下几个方面。

一、车用油品质量持续升级

第一阶段，全面实现车用汽油无铅化。1998年9月，国务院办公厅印发《关于限期停止生产销售使用车用含铅汽油的通知》（国办发〔1998〕129号），要求自2000年1月起，全国所有汽油生产企业一律停止生产车用含铅汽油，改产无铅汽油。同步出台汽油消费税调整政策，提高车用含铅汽油的价格，使车用含铅汽油的销售价不低于无铅汽油的销售价。从1993年提出无铅汽油到实现全国汽油无铅化，我国只用了七年时间，而这一进程美国用了二十一年的时间。

第二阶段，持续推进车用油品低硫化。2000年，我国车用汽柴油硫含量要求分别为1500mg/kg和2000mg/kg。2017年，全国全面实施车用汽柴油国Ⅴ标准，硫含量降至10mg/kg，标志着我国车用油品完成了低硫化进程。2018年，我国实现车用柴油、普通柴油、部分船舶用油"三油并轨"，统一使用车用柴油，取消普通柴油标准。2019年1月，我国全面实施车用汽柴油国Ⅵ标准，进一步降低了车用汽油烯烃、芳烃，车用柴油多环芳烃的含量。

二、运输结构调整取得实质进展

2018年，我国柴油货车保有量1818万辆，占全国汽车保有量的7.9%，但氮氧化物、颗粒物的排放量却分别占汽车排放总量的60%、85%，柴油货车行驶里程长、污染物排放量大，是机动车大气污染防治的重点领域。相比之下，铁路单位货物周转量的能耗和大气污染物排放，仅为公路的1/7、1/13。目前，我国货运以公路运输为主，2016年，我国铁路货运周转量23792亿吨，仅占总量的12.8%，从2003年（32.0%）以来连续13年占比下降，下降近20个百分点。与美国铁路货运周转量占货物周转总量的40%以上相比，我国存在巨大差距。

为解决运输结构不合理的问题，2018年9月，国务院印发了《推进运输结构调整三年行动计划（2018—2020年）》（国办发〔2018〕91号），提出与2017年相比，全国铁路货运量增加11亿吨、增长30%，其中京津冀及周边地区增长40%、长三角地区增长10%、汾渭平原增长25%；全国水路货运量增加 5 亿吨、增长 7.5%；沿海港口大宗货物公路运输量减少 4.4 亿吨。

为落实国务院要求，相关部门、地方政府和有关企业主动作为、积极推进。交通运输部会同生态环境部等部门印发贯彻落实运输结构调整行动计划的通知，细化地方具体任务，明确部门分工，形成部门合力。生态环境部先后出台柴油货车污染治理攻坚战行动计划、钢铁行业超低排放改造、工业炉窑综合治理等政策文件，要求加大货运铁路建设投入，加快铁路与港口连接线、工矿企业铁路专用线建设。

2018 年，全国铁路货运总发送量 40.26 亿吨，比上年增加 3.38 亿吨，增长 9.2%。其中"公转铁"鼓励货类（煤炭、冶炼等大宗货物和集装箱）运量 24.55 亿吨，同比增长 12.5%。西煤东运主要线路大秦、唐呼、瓦日铁路运量同比分别增长 4.3%、491.6%、75.6%。陕煤外运和疆煤外运同比分别增长 24.3%、44.9%。

三、机动车环境管理水平全面提升

（一）持续提升新车排放标准

自 1983 年我国出台首个新生产机动车排放标准以来，我国新生产机动车排放标准体系不断健全，目前已覆盖轻型汽车、重型汽车、摩托车、低速汽车等全部车型，包括实验室台架循环测试、实际道路行驶测试、燃油蒸发排放、曲轴箱排放、车载诊断系统测试等试验项目。从 2001 年我国实施国一排放标准，到目前全国全面实施国五排放标准，十几年跨越了欧美三四十年的发展历程。

2016 年 12 月，原环境保护部、原国家质量监督检验检疫总局联合发布《轻型汽车污染物排放限值及测量方法（中国第六阶段）》（GB 18352.6—2016），改变了以往等效转化欧洲排放标准的方式，机动车排放标准首次实现"中国制造"。2018 年 6 月，生态环境部联合市场监管总局发布《重型柴油车污染物排放限值及测量方法（中国第六阶段）》（GB 17691—2018），首创提出远程在线监控要求，对车辆实际行驶排放情况进行全面监控。

（二）新车环保监管体系基本建成

严格实施大气污染防治法，建立完善事前信息公开制度、事中达标监管制度、事后环保召回"三位一体"的新车环境监管体系。

（1）建立健全信息公开制度。按照简政放权、放管结合、优化服务、便民惠民的改革思路，落实细化法律要求，要求新生产、进口机动车和非道路移动机械按规定进行环保信息公开。信息公开制度实现了由政府核准向企业自主公开，由车型管理向逐车覆盖的转变，全面引入公众监督，是机动车环保事中、事后监管的基础。

（2）强化新生产机动车监督检查。大气污染防治法明确省级以上生态环境部门是新生产机动车环保达标情况的监管主体，彻底改变了以往执法主体不明确的窘境。2016年，新修订后的《中华人民共和国大气污染防治法》实施以来，省级以上生态环境部门积极行动。2017年，原环境保护部对违法生产超标排放和污染控制装置弄虚作假机动车的企业依法进行处罚。山东省依法分别对未按规定进行信息公开的机动车进口企业和生产不达标非道路移动机械的企业进行处罚。北京市对违法生产机动车、销售非道路移动机械的企业进行处罚。

（3）建立实施环保召回制度。环保召回制度是指机动车和非道路移动机械生产、进口企业，应依法通过修理、更换、回收等方式消除其产品可能引起超标排放的缺陷，或者使其达到环境保护耐久性要求，是新车环保监管的关键环节。2019年7月，梅赛德斯—奔驰（中国）汽车销售有限公司召回302辆进口GLE SUV和GLS SUV汽车，是我国机动车环保召回第一案。

（三）在用车达标监管体系日趋完善

（1）修订完善在用机动车排放标准。2018年11月，生态环境部、国家市场监督管理总局联合发布《柴油车污染物排放限值及测量方法（自由加速法及加载减速法）》（GB 3847—2018）、《汽油车污染物排放限值及测量方法（双怠速法及简易工况法）》（GB 18285—2018），是上述两个标准自2005年发布后的首次修订。与修订前相比，新标准全面推广简易工况检测方法，新增柴油车NO_x测试要求，提出车载自诊断系统（On-Board Diagnostics，OBD）

检查规定，加严排放限值要求。

（2）积极推进三检合一。2016年7月，原环境保护部、公安部、国家认监委联合印发《关于进一步规范排放检验 加强机动车环境监督管理工作的通知》（国环规大气〔2016〕2号），提出有效衔接机动车排放检验和安全技术检验，取消机动车环保检验合格标志，私人小型车辆前六年内免于上线检验、全面实行异地检验等一系列便民政策。2018年以来，生态环境部配合交通运输部、公安部按照国务院要求，全面推进货运车辆三检合一，推进"一次上线、一次检测、一次收费"。

（3）强化在用车达标监管。2017年5月，公安部交通管理局增设超标排放处罚全国统一代码（6063），标志"环保取证、公安处罚"的联合执法机制初步建立，异地车辆处罚难题得到解决。强化机动车排放检验监管执法，2018年，各级生态环境部门对全国6878家排放检验机构开展监督检查27601家次，查处违规机构901家次，累计处罚超过5000万元。

（四）在用车队清洁化水平明显提升

近年来，各地通过汽车以旧换新、补贴淘汰等经济手段促进高排放汽车和老旧汽车加速淘汰，2014至2017年全国共淘汰黄标车和老旧车超过2000万辆，其中，黄标车1100多万辆。相比于2013年，国二及以下汽车保有量下降50%，国三保有量下降33%。国四和国五汽车保有量达到汽车保有量总数的70%以上。

积极推动公交、环卫、邮政、出租、通勤、轻型物流配送车辆以及港口、机场、铁路货场作业车辆使用新能源或清洁能源汽车。目前，深圳、珠海等城市基本实现电动公交车全覆盖。太原市出租车全部采用纯电动车。上海、天津、重庆、深圳、武汉、合肥、郑州等地已经放开了新能源轻型物流车通行权的限制。中国民用航空局要求重点区域机场新增或更新场内用设备（车辆）应100%使用新能源设备（车辆）。相关企业积极响应，京东、国美等电商，顺丰及"四通一达"等快递公司纷纷制定新能源物流车替换计划。

（五）"天地车人"一体化监控体系初步构建

利用机动车道路遥感监测、排放检验机构联网、重型柴油车远程排放监控、路检路查和入户监督抽测,对柴油车开展全天候、全方位的排放监控。通过大数据追溯超标排放车辆生产或进口企业、污染控制装置生产企业、登记地、排放检验机构、维修单位、加油站点、供油企业、运输企业等,实现全链条环境监管。截至 2018 年年底,全国共建立 6878 家排放检验机构,在重点区域配置 351 台(套)遥感监测设备(含黑烟抓拍),基本实现国家—省—市三级联网。

四、非道路移动机械环境管理制度初步建立

非道路移动机械种类繁多,应用广泛,相对于机动车而言,存在底数不清、污染控制技术水平相对落后、污染物排放量大等问题。为从源头强化非道路移动机械环保监管,生态环境部先后制定了新生产非道路移动机械用柴油机、小型点燃式发动机排放标准。2017 年 7 月,非道路移动机械环保信息公开制度正式施行。截至 2018 年年底,共有 637 家企业完成了 11982 个非道路移动机械机型信息公开工作。

为强化在用非道路移动机械环保监管,2018 年 11 月,生态环境部联合市场监管总局发布了《非道路移动柴油机械排气烟度限值及测量方法》(GB 36886—2018),规定了实际工作状态下烟度测量方法,解决了在用非道路移动机械缺乏国家排放标准的问题。

2019 年 7 月,生态环境部印发《关于加快推进非道路移动机械摸底调查和编码登记工作的通知》(环办大气函〔2019〕655 号),要求各地以港口、码头、机场、铁路货场以及城市建成区内施工工地、物流园区、大型工矿企业为重点,全面启动非道路移动机械摸底调查和编码登记工作,力争做到机械类型、数量全覆盖。

五、船舶和港口大气污染防治要求不断完善

2016 年 9 月,原环境保护部与原国家质量监督检验检疫总局联合发布了《船舶发动机排气污染物排放限值及测量方法(中国第一、二阶段)》(GB 15097—2016),填补了船舶大气污染物排放标准的空白。自 2018 年 7 月起,全面实施新生产船舶发动机第一阶段排放标准,2021 年 7 月起,实施

第二阶段排放标准。

2015年12月，交通运输部印发《珠三角、长三角、环渤海（京津冀）水域船舶排放控制区实施方案》（交海发〔2015〕177号），将环渤海（京津冀）、长三角、珠三角等三个区域划定为中国船舶排放控制区。2018年11月，交通运输部进一步扩大沿海船舶排放控制区范围，将范围扩大到全国沿海近岸海域；新增内河控制区，范围包括长江干线（云南水富至江苏浏河口）、西江干线（广西南宁至广东肇庆段）的通航水域，提出了船用燃油硫含量、船舶颗粒物和氮氧化物排放控制、岸电建设和使用等一系列要求。

总体来看，我国移动源大气污染防治工作已取得了一定成绩，环境管理体系已基本建成。2013至2018年，我国机动车保有量增加32.7%，年均增长5.8%，但大气污染物排放量下降了11.1%。汽车保有量增长83.9%，年均增长13%，但大气污染物排放量下降了4%。但是，随着工业源环境管理、散煤治理等工作的深化，移动源大气环境影响日趋凸显，我们应该清醒地认识到移动源大气环境管理是一项长期的工作，对移动源大气污染防治工作的艰巨性、复杂性应有充分认识和准备。

发展绿色交通是建设交通强国的必然要求，也是打赢蓝天保卫战的关键举措，下一阶段我们将坚决贯彻落实党中央、国务院决策部署，坚持统筹"油、路、车"治理，以柴油车（机）达标排放为主线，进一步健全严格的机动车全防全控环境监管制度，全链条治理柴油车（机）超标排放，明显降低污染物排放总量，坚决打好柴油货车污染治理攻坚战，促进区域空气质量明显改善，让人民群众有更多的环境获得感、安全感和幸福感。

构建可持续的城市综合交通体系
推动城市建设高质量发展

住房和城乡建设部　黄艳

建设交通强国是以习近平同志为核心的党中央立足国情、着眼全局、面向未来作出的重大战略决策。近年来，在党中央、国务院的领导下，我国交通基础设施建设和城市建设取得了翻天覆地的变化，但在道路交通基础设施规划建设方面还面临不少问题。许多城市都不同程度地存在诸如"交通拥堵""停车难"，慢行交通系统安全性、连续性不高，以及城市规划建设系统性不强、不同地区交通基础设施发展不平衡、不充分等问题，直接影响群众出行质量和城市品质提升。亟须结合交通强国建设和城市发展实际，加强城市交通基础设施规划建设，立足促进城市的整体性、系统性、生长性，统筹安排城市功能和用地布局，科学制定和实施城市综合交通体系规划，全面提升城市智慧交通基础设施建设水平，推动构建可持续的城市综合交通体系，助力城市建设高质量发展。

一、尊重城市发展规律，推进城市与交通协同发展

（一）城市和城市交通发展规律

城市发展是一个有其自身规律的自然历史过程，是农村人口向城市集聚、农业用地按相应规模转化为城市建设用地的过程，人口和用地要匹配，城市规模要同资源环境承载能力相适应。城市交通系统作为服务于高密度人群聚集地、多种方式融合共存的开放系统，无论其需求特性，还是系统构成，都

具有强烈的城市基因。其交通需求、交通密度、交通行为、交通空间形态等，均与城市空间结构和功能布局有着密切联系，并相互作用、相互影响。

（二）城市空间结构决定交通方式

通常，城市规模越大，功能越分散，平均出行距离就越长，机动化交通方式出行需求也就越大。若城市土地使用布局不合理，大规模单一功能区开发，会加剧职住不平衡，产生大量的"潮汐交通"和远距离出行，增大设施建设投资和运行成本。大量研究和实践表明，高密度土地利用模式，有利于公共交通的发展；紧凑型、小规模、混合开发的土地利用模式，则有利于步行和自行车交通方式的使用；而低密度、分散式开发的城市土地利用模式，客流分散，出行距离较长，不利于集约化公共交通运营，小汽车出行将会成为主导。

（三）城市交通为城市空间扩展提供支撑

城市半径大致等于人在1小时内所能达到的距离，交通方式决定了出行速度，从而决定了城市的空间规模。如步行和自行车为主的城市，其城市半径为4~8公里；公共汽车为主的城市，城市半径可达8~10公里；城市轨道交通、小汽车为主的城市，城市半径则达到25~50公里。城市交通可达性的变化，在城市土地开发强度和城市空间形态调整方面起着基础性的引领作用，更为城市空间扩展提供了基础设施支撑。

（四）构建可持续城市综合交通体系

应高度关注并统筹协调城市空间结构、功能布局与城市交通系统建设，优化城市空间结构布局和产业布局。通过组团式城市布局和土地使用功能混合利用，推进公共交通导向的城市土地开发，以公交枢纽为中心、以步行和自行车交通出行半径组织城市空间和城市功能，降低城市中长距离出行需求总量，逐步建成符合高质量发展时代要求，具备绿色低碳、高效便捷、安全可靠等特点的可持续城市综合交通体系。

二、强化规划引领，科学构筑城市综合交通体系

（一）编制城市综合交通体系规划的总体要求

科学编制和实施城市综合交通体系规划是统筹安排城市空间布局、土地

使用与交通系统建设的基础，应以促进城市集约、包容发展为目标，科学配置交通资源，合理安排各类交通设施，统筹谋划发展蓝图。从城市土地使用层面，应加强交通源分析，把握交通发展趋势。从资源高效利用层面，应加强交通政策导向研究，解决资源优化配置和引导交通结构调整。从城市空间和功能规划方面，应强化交通容量分析，统筹交通设施总量和布局。

（二）编制城市综合交通体系规划的基本原则

坚持绿色发展，创新规划理念，改进规划方法，把尊重自然、绿色低碳等理念融入规划全过程。坚持以人为本，提升城市交通基础设施品质，以改善人民群众出行条件、满足多样化出行需求为目标，打造与紧凑节约、绿色低碳的城市格局高度契合，便捷、安全、高效的城市综合交通系统。坚持统筹衔接，优化各类交通设施布局与土地使用的关系，统筹协调各类交通方式衔接，促进交通资源高效利用。坚持因地制宜，充分考虑城市发展需求、社会经济发展水平和发展阶段，合理确定各类交通设施建设规模，实现经济和财务上的可持续性。坚持问题导向，加强城市综合交通运行状况评估，结合城市交通基础设施建设运行中存在的突出问题和城市发展实际，寻求系统可行的解决方案。

（三）城市综合交通体系规划的主要内容

加强区域协同、交通发展模式、交通系统功能组织等方面的政策导向和实施措施研究。重点解决科学配置资源、优化土地使用与交通模式的方向性问题，引导和支撑城市空间拓展及功能布局。研究确定城市综合交通体系发展的总体目标，以及各交通子系统的发展定位和发展指标，重点安排影响城市发展的重大交通基础设施布局，以及支撑城市空间结构的基础交通网络。规划内容应包括城市交通发展战略、对外交通、公共交通、道路、交通枢纽、停车、货运物流、交通管理等，并明确近期建设规划和实施措施。

三、加强城市智慧交通基础设施建设，全面提升城市基础设施智能化水平

（一）试点先行，推进城市智慧交通基础设施建设和体制机制创新

（1）为适应智能汽车应用要求，提升城市交通基础设施智能化建设管理

水平，应试点先行，探索可复制、可推广经验，避免重复建设，重点做好3方面工作：一是建设智慧交通基础设施，将5G、物联网、云计算等新技术深度应用于城市交通基础设施，提高城市交通智能化水平，逐步支持智能汽车和智慧交通应用。二是搭建城市出行数据平台，并与城市已有管理平台相结合，充分利用汽车与行人在城市交通中形成的动态出行数据，缓解交通拥堵，提升出行效率。三是建设形成智能汽车开放测试环境，开展智能汽车和智能出行的早期应用示范，促进新技术商业化落地，如智能公交、智能停车、智能物流等。

（2）在工作推进中，重点突出3条原则：一是坚持目标引领，问题导向，针对问题，从该做的事情做起，不贪大求全，不走过场。二是以人为本，从公众应用角度出发，尽快让公众体验和感受到智能汽车、智慧交通基础设施等先进技术带来的便利和舒适，并不断根据公众反馈进行优化。三是探索机制创新，建立政府搭台、市场运营的方式。早期以政府引导为主，鼓励多主体、多业态参与，做好智能基础设施、数据中心和智慧城市建设管理平台建设运营工作。项目成熟后，主要依靠市场力量推进工作。

（二）加大新技术应用，推进城市电动汽车充电设施建设

将充电设施作为城市重要的新型基础设施来发展，是适应汽车革命、完善城市基础设施、方便居民生活的重要举措。各地要抓紧制定完善相关规划、标准，推进新建住宅、老旧住宅小区、单位既有停车场和公共服务领域等的充电设施建设，形成布局合理、适度超前、智能高效的充电设施体系。同时，为适应城市智慧交通基础设施发展要求，在充电设施特别是充电桩建设中，要充分应用移动互联网、物联网、大数据、新能源、新材料等新技术，做到协同融合、促进技术迭代。

（三）推进城市信息模型（CIM）系统建设，构建智慧城市建设管理平台

要适应城市高质量发展，加快建设智慧城市建设管理平台，分3个步骤推进：一是以工程建设项目审批制度改革为抓手，推动各地在城市层面统筹所有规划，形成城市空间全覆盖的"一张蓝图"，建立基于地理信息系统

（Georgraphic Information System，GIS）技术的 CIM 管理平台，将城市建设管理的基础数据信息纳入其中，作为智慧城市建设的基础性平台。二是推进建筑信息模型（Building Information Modeling，BIM）报建审查审批和 CIM 管理平台对接，逐步将各类建筑和基础设施全生命周期的三维信息纳入 CIM 管理平台，不断丰富和完善智慧城市基础平台，使其从二维向三维拓展。三是逐步将部署于各类建筑、交通工具和城市基础设施的传感网纳入智慧城市基础平台，将城市运行、交通出行等动态数据全面接入智慧城市基础平台，建立智慧城市的建设管理平台。

四、面向城市发展要求，加快完善城市综合交通基础设施

构建可持续的城市综合交通体系，应按照绿色低碳的理念，把交通基础设施建设放在首位，重点做好优化城市路网结构，建设级配合理的路网系统；落实公交优先理念，提升城市轨道交通规划建设管理水平；完善绿色出行设施，提升步行和自行车等慢行交通设施水平；合理配置停车设施，提升使用效率和服务水平等工作。

（一）优化城市路网结构，建设级配合理的路网系统

城市道路网络不仅是道路交通的重要基础设施，也是城市空间布局的骨架、城市防灾救灾的避难场所和救援通道，更为城市通风、景观、市政管线敷设提供公共空间。优化完善城市道路网络，应统筹兼顾城市道路网的交通通行、城市结构、公共空间、防灾救灾四大要求，合理地确定网络结构、道路等级和道路功能。应遵循"窄马路、密路网"的城市道路布局理念，建设快速路、主次干路和支路级配合理的道路网系统。按照与道路交通需求基本适应、与城市空间形态和土地使用布局相互协调、有利于公共交通运行、内外道路交通有机衔接的要求，加快形成"街道"与"道路"功能互补、服务有别、多维融合的城市道路网。

在城市道路网络建设中，应特别加强次干路和支路建设，提高城市道路网的通达性，同步建设道路安全设施和交通管理设施。应针对城市道路交通运行特点，控制穿越中心区的高架路建设。在商业区和居住区，优化道路空

间布局，形成安全、宜人、舒适的城市生活空间。

（二）落实公交优先理念，提升城市轨道交通规划建设管理水平

城市轨道交通作为现代城市交通系统的重要组成部分，是城市公共交通系统的骨干，对引导优化城市空间结构布局、改善城市环境、提升人民群众出行品质和出行效率发挥着重要作用。为贯彻落实《国务院办公厅关于进一步加强城市轨道交通规划建设管理的意见》（国办发〔2018〕52号）要求，推进城市轨道交通规划建设高质量发展，应充分发挥规划引领作用，完善城市轨道交通相关规划编制机制，依据城市综合交通体系规划等上位规划，科学制定城市轨道交通线网规划和建设规划，并注重做好以下几方面工作。

（1）尊重城市发展规律，保障城市轨道交通规划建设的科学性、严肃性。统筹好地上地下空间利用，保护好历史文化遗产和特色风貌，对历史负责，严把质量关，创精品工程。

（2）统筹协调好城市轨道交通与其他公共交通方式、小汽车出行的衔接，加强城市轨道交通规划建设与旧城改造、城市品质提升、慢行系统和便利设施建设等统筹协调，推动解决城市轨道交通出行最后1公里问题。

（3）坚持以人为本，加强居民出行需求和出行规律大数据研究分析，提升城市轨道交通规划建设的精细化水平；加强城市轨道交通首末站点、车辆基地等用地的混合开发利用研究，提高投资效益和服务效能。

（4）充分发挥城市轨道交通站点功能，推动老城区和城市面貌改造升级，加强城市轨道交通站点的公共文化展示和步行环境设计，统筹规划建设连续、安全、畅通的步行道、自行车道等慢行交通系统，引导绿色出行。

（5）加强不同轨道交通系统衔接。统筹协调好城市轨道交通与市域快线、城际线、铁路，以及与都市圈、城市群不同层面、类型的轨道交通系统之间的衔接，新建区域城市轨道交通规划建设应避免过于超前。

（6）加强城市轨道交通建设规划实施研究论证。积极协调解决有关群众利益问题，不得不顾条件提前实施项目、随意压缩工期。

（三）完善绿色出行设施，提升步行和自行车等慢行交通设施水平

完善绿色出行交通设施对鼓励绿色出行、建设绿色城市、形成绿色生活方式有积极的促进作用。加快完善公共交通设施是城市交通发展转型、增强公共交通吸引力、促进绿色出行的重要保障。设施建设要以扩大服务人群、改善服务品质、提高服务效率为目标，合理布局公交站点，科学设置公交专用道，统筹配置换乘设施，着力提升公共交通的载客率。注重加强城市次干路和支路公共交通站点设置，将公共交通服务延伸到街区。在城市主要交通道路，应根据公共交通需求，设置全天或高峰时段的公交专用道，提升公共交通服务效率。公共交通站点应进一步改进站牌、站亭设计，增强站牌的可视性和候车的舒适性，同时合理设置自行车停放点，方便自行车与公共交通的接驳。

步行和自行车出行作为绿色出行的主体，其设施建设应充分考虑通行空间和通行环境需求，遵循安全性、连续性、便捷性、舒适性原则，着力打造高品质、无障碍的步行和自行车交通系统。在城市更新改造、新区建设、轨道交通建设、环境综合整治等重大项目实施过程中，应充分考虑步行和自行车交通设施布局。在道路新建、改造以及其他相关设施建设过程中，应保证步行和自行车通行空间和环境品质，加强步行、自行车系统的标识建设，优化完善过街设施布局。在兼顾经济实用的前提下，设施建设应考虑地面铺装、标识、植物以及照明、环卫等道路附属设施的美观性，力求体现当地环境特色，彰显地方人文特质。为改善步行和自行车出行条件，提升出行品质，还应适时开展人行道净化行动，有条件的城市可结合交通需求，因地制宜规划建设自行车专用道。

（四）合理配置停车设施，提升使用效率和服务水平

城市停车难是我国城市普遍存在的突出问题，合理配置停车设施既是城市综合交通体系建设的重要内容，也是缓解停车矛盾的客观需求。停车设施建设应以城市综合交通体系规划为依据，采取差别化的停车设施规划建设及管理策略，精细化调控停车资源与需求，从源头上加强城市停车设施配置，合理确定建筑物停车配建指标。按照城市不同功能区要求，合理确定停车设施规模，重点加强居住区停车设施建设。

推进城市停车设施建设，应加强城市土地资源综合利用，鼓励利用地下空间分层规划停车设施以及立体停车设施。规划建设停车设施，应充分考虑

电动汽车等新能源汽车普及和推广需要，按照相关标准要求，同步建设充电桩等。在停车供需矛盾突出区域，可利用待建土地、空闲厂区、开放式场地等，设置临时平面停车场。推广应用绿化与停车相兼容的方法和技术，将停车空间与园林绿化空间有机结合。在做好城市停车设施规划建设的同时，应加强互联网等信息技术在停车领域的应用，通过智慧停车系统建设应用，统筹城市停车设施资源，提高停车设施使用效率和服务水平。

构建农村现代交通网络
强化乡村振兴基础支撑

农业农村部　余欣荣

加强农村交通网络建设，既是交通强国建设的重要内容，也是实施乡村振兴战略的基础支撑。中共中央、国务院发布的《交通强国建设纲要》提出"形成广覆盖的农村交通基础设施网"，明确了未来农村交通网络建设方向，将进一步加快推动农村交通现代化，为脱贫攻坚、决胜全面建成小康社会和农业农村现代化提供更有力的服务支撑。

习近平总书记指出，要把公共设施建设的重点放在农村，推动城乡基础设施共建共享、互联互通，推动农村基础设施提档升级。农村公路是农村地区的重要公共基础设施，也是农村经济社会发展的基础性、先导性条件。农村公路建设，极大改善了农村地区生产生活条件，促进了农民增收致富和农村经济发展。农村公路不仅是农民群众日常生产生活出行的"交通路"，更是成为带动农村经济社会发展的"产业路"和"致富路"。

党的十九大做出实施乡村振兴战略的部署，开启了城乡融合发展、建设社会主义现代化强国的新征程。新时代、新起点，对农村交通提出新的更高要求。新阶段，要围绕人民群众日益增长的美好生活向往，围绕新型城镇化和农业农村现代化发展需要，按照《交通强国建设纲要》要求，重点从以下四方面，全面推进"四好农村路"高质量发展，着力提高农村交通的服务能力、服务品质和服务效率。

一、聚焦重点地区，补齐农村交通发展短板

党的十八大以来，在习近平新时代中国特色社会主义思想指引下，各级各部门尤其是交通运输行业高度重视并大力推进农村公路建设，农村公路通达深度、覆盖广度大幅提高，农村地区交通运输条件显著改善。2013—2017年5年间，全国新改建农村公路127.5万公里，新增农村公路通车里程55万公里，新增620个乡镇和7.4万个建制村通硬化路，每年新增5000个以上建制村通客车。

但是，相比城市，农村交通发展仍相对落后；相对于交通强国要求，农村交通发展还存在不少短板。农村公路覆盖范围与通达深度仍然不足、产业服务支撑能力不强、客运物流服务水平不高、管理养护短板明显等，尤其是一些"老少边穷"地区群众基本交通出行服务需求尚未完全满足。

打好脱贫攻坚战是实施乡村振兴战略的优先任务。脱贫攻坚，交通先行。为更好服务支撑全国脱贫攻坚、决胜全面建成小康社会，首先需要聚焦深度贫困地区，围绕脱贫攻坚、决胜全面建成小康社会的目标要求，进一步实施好《交通运输脱贫攻坚战三年行动计划（2018—2020年）》，加快完成剩余乡镇、建制村通硬化路、通客运等农村公路交通兜底性任务，切实解决好农民群众基本交通出行问题；其次，围绕农村人居环境整治三年行动计划，加强部门合作与联合，协调推进村内道路建设，逐步延伸村内道路通达深度，切实解决村内道路泥泞、村民出行不便等问题。在此基础上，建立健全农村公路管护体制，创新农村公路养护运行机制，因地制宜探索多种形式的管护模式，明确管护主体，压实管护责任，并注重发挥农村基层组织作用，鼓励采用门前三包、党员责任区、纳入村规民约等形式，引导农民主动参与村内道路管护，切实做到有路必养、养必优良。

二、强化互联互通，完善乡村公路交通网络

随着农村交通网络不断完善，有效促进了人流、物流在城乡间流动，越来越多的农民可以像城里人一样享受便捷的公共交通服务，"出门硬化路，抬脚上客车"正在逐步变为现实。2018年全国农村公路里程达404万公里，乡

镇、建制村通硬化路比例分别达到99.6%和99.5%，初步形成以县城为中心、乡镇为节点、建制村为网点的农村公路网络。

乡村振兴，要求推动特色种养业、农副产品加工及现代农业发展，培育乡村旅游体验康养等新产业新业态，促进农村一二三产业融合发展，构建乡村产业体系。这要求乡村交通不仅要满足农民群众基本交通出行服务需求，而且要加快形成城乡互联互通的交通网络，更好满足农村产业发展的交通运输服务需求，为城乡之间要素和产品流动提供更加方便快捷的服务，促进城乡融合发展。适应农业农村现代化发展需要，下一步既要着力推动农村公路提档升级，又要进一步延伸补充农村公路网络。

一是着力推动农村公路提档升级。推动以乡镇及主要经济节点为网点、主要服务乡村地区对外沟通交流及产业经济发展的农村公路提档升级改造，着力提高农村公路的通行能力和运行效率，更好服务新型城镇化和农业农村现代化发展。比如，推动乡镇对外公路改造建设，努力提高乡镇对外公路的通行能力和服务品质，更好发挥乡镇作为实施乡村振兴战略和新型城镇化发展重要枢纽节点的功能，通过打造小城镇和特色小镇，实现以镇带村、以村促镇、镇村联动发展；加强连通乡村旅游景区景点、农业产业园区、特色种养业基地等农村主要经济节点的乡村旅游路、产业路、资源路建设，为乡村旅游、资源开发及现代农业发展提供更好的交通运输条件，从而连通城乡、带富乡村、致富农民；结合乡村产业布局、特色村庄建设与乡村旅游发展，推动串联乡村主要旅游景区景点、主要产业节点、中小城镇和特色村庄的农村公路建设，更好推动乡村资源的整体开发和乡村产业的一体化发展。

二是进一步延伸补充农村公路网络。在全面建成小康社会基本实现乡镇、建制村通硬化路的基础上，逐步推动农村公路进一步向人口聚居的自然村组延伸，着力解决好群众出行"最后一公里"问题，让广大农民群众平等共享干净、整洁的农村公路出行服务，更好满足农民群众日益增长的美好生活需要。比如，目前不少农村公路过窄，一到节假日或乡村旅游旺季，农村地区堵车问题凸显，下一步需要着力推动过窄农村公路的拓宽改造或错车改造，有效提高农村公路的通行能力；同时，适应农村地区机动化水平不断提高、村庄集聚发展或城乡融合发展带来交通流量不断增加的现实需要，逐步推动一些具备条件的大型村庄通双车道公路改造建设;结合村庄、经济、产业、人口分布,以及村庄之间、乡村经济节点之间的便捷交通联系需求,推动连片乡村地区的农村联网路建设,尽量减少迂回交通,有效提高农村地区的经济交通联系效率。

三、提升服务水平,改善农村客运物流条件

农村客运是保障群众"行有所乘"的基础条件,农村物流在推动农副产品市场化、促进农村生产消费升级等方面具有基础性、先导性作用。经过多年发展,目前农村客运网络逐步形成,运输安全和服务质量明显改善,农村物流基础设施骨干网络和末端配送网络初见雏形。2018年全国乡镇、建制村通客车率分别达到98.5%和97.1%,建制村直接通邮率达98.9%,24个省份基本实现建制村直接通邮;农村物流中的"工业品下乡"通道已较为成熟,农村快递配送站、代收点遍地开花,全国农村地区收投快件量已经超过100亿件。

虽然农村客运物流已经得到长足发展,但农村地区基本客运服务需求尚未完全满足,全国尚有少量乡镇和一定数量的建制村不通客运,而且农村客运"开通难、运营难"问题仍然存在,农村客运服务水平仍然不高;农村地区生活消费品、农业生产资料、农副产品的物流配送条件仍有待改善。有数据显示,由于农产品上行的不顺畅,我国每年损耗的水果、蔬菜分别达到惊人的1200万吨和1.3亿吨。解决好这些问题,必须转变农村客运物流发展方式,进一步完善农村客运物流网络,提升农村客运物流服务水平。

一是因地制宜、科学施策发展农村客运。适应城乡居民一体化出行服务需求,完善财政补贴制度,加快发展镇村公交,推动城市公交、城乡客运、镇村公交"三位一体"城乡客运一体化发展。同时,适应不同区域、不同类型村庄客运服务需求特点,因地制宜、灵活施策,针对性提供便民多元的农村客运服务。比如,针对集聚提升类村庄地区农村客源相对集中、客流量较大的客运需求特点,推动集聚提升类村庄农村客运班线公交化运营,提高农村客运服务效率和水平;适应特色保护类村庄乡村旅游发展需要,通过开通旅游班线或旅游公交,拓展景区景点推介、乡村文化介绍等旅游服务功能,

推动特色保护类村庄旅游客运发展；因地制宜采取农村班线客运、预约响应、区域经营等模式，保障搬迁撤并类村庄搬迁撤并前的基本公共客运服务供给；针对偏远乡村客流量小、客运需求分散的特点，采取政府购买服务、建立公共财政补贴机制等措施，探索采用预约响应、区域约租车等服务模式，切实解决偏远山村群众"行有所乘"问题。

二是集约节约、多业融合发展农村物流。统筹农业、商贸、邮政（快递）、交通运输资源，建设县级仓储配套中心、乡镇物流服务站，以及人口较多、居住较为集中地区村级物流服务点、农村物流快递公共取送点，完善县、乡、村三级农村物流基础设施末端网络，努力改善农业生产资料、农副产品、农民生活消费品的物流配送条件。比如，加强交通运输与商贸流通、电商快递、农产品经销等相关经营主体的深入合作，统筹农村物流配送服务网络与农资供销、农产品经销网络，集约构建农村物流配送服务网络，推动邮政寄送、农村客运小件快运、电商快递、冷链运输等农村物流发展，畅通农产品进城、农业生产资料和农民生活消费品下乡的物流服务体系；充分利用农村客运班线资源和农村邮政网络，或开通农村零担货运配送班线，开展农产品、农业生产资料、农民生活消费品集散与配送；鼓励交通运输、商贸、供销、电商快递企业协同开展农村物流共同配送。

四、突出安全绿色，营造宜人农村交通环境

乡村振兴，生态宜居是关键，乡风文明是保障。农村公路交通，既是农村基础设施和公共服务的重要内容，也与农村生态环境和社会文化息息相关。一方面，农村公路交通体系的完善，可以有效带动特色村镇、文化名村等生态宜居美丽乡村建设，推动村庄环境综合整治和农村基础设施条件改善，提升农村人居环境，促进"生态宜居"；另一方面，农村交通可以促进城乡沟通交流，推动农村教育、文化发展，有效改变群众的思想观念、精神面貌、生活形象和行为习惯，促进"乡风文明"。尤其是农村公路交通安全，与群众生命财产安全密切相关，与群众的安全感、幸福感密切相关。推动农村交通安全发展、绿色发展，加强交通文明建设，营造安全、绿色、宜人的农村交通环境，是实施乡村振兴战略、打造安居宜居乡村的重要举措。

一要加强农村公路交通安全隐患排查和治理，健全乡村交通安全保障体系。加强农村公路急弯陡坡、临水临崖等安全隐患路段的公路安全生命防护工程建设，及时改造现有和新发现的四、五类危桥，配套建设必要桥梁；完善农村公路交通标志、标线和指路标识，完善穿村段农村公路的限速设施和安全警示标志标线，整治视距不良路段；加强农村公路安全隐患路段、危险桥梁、危险隧道的安全管理，强化农村客货运输车辆的日常维护与安全监管。

二要推动乡村绿色交通发展。鼓励有条件的地区打造乡村美丽公路，完善乡村驿站、停车休息观景点等公路服务设施，在具备条件的地方建设绿色生态廊道，推进绿色公路建设；将节能减排、环境保护和节约集约利用资源贯穿到农村交通发展的各领域各环节，因地制宜地选择筑路材料和施工工艺，建设与生态环境相宜的农村交通；加强农村公路路域环境综合整治和美化，结合乡村人居环境整治行动，加强农村公路尤其是镇村路段路域环境整治，推进农村公路沿线绿化、美化，促进农村公路与沿线生态环境和谐共生；对于环境脆弱、人口流失严重的拟搬迁村庄，统筹生态保护要求和易地搬迁安置规划等方面，限制新改建交通项目，拓展乡村生态空间。

三要加强乡村交通文明建设。强化乡村古道等交通历史遗迹保护，加强交通文化传播，注重交通运输与乡村历史、农耕文化相融合，将农村公路交通打造成为传播乡村历史、乡村文化的新载体，打造农村公路文化品牌项目；加强农村文明出行宣传，强化交通参与者的规则意识、法治素养和社会责任，推动乡村文明出行、绿色出行；加强交通运输行业文明建设，在条件具备的地区开展"优良养路村镇""文明养路村镇"等活动，营造文明交通出行环境。

下一步，我们将结合《交通强国建设纲要》，立足自身职责，进一步提高政治站位，完善政策机制，全力推动《交通强国建设纲要》实施，为广大农民致富奔小康、为加快推进农业农村现代化提供更好保障。

打造现代物流体系 服务交通强国建设

商务部 王炳南

党的十九大报告在"加快建设创新型国家"部分提出了建设交通强国的要求，在"深化供给侧结构性改革"部分提出了加强物流等基础设施网络建设的要求。中共中央、国务院印发的《交通强国建设纲要》（简称《纲要》），对推进物流业发展又提出了更加具体的要求，对打造现代物流体系具有重要的指导意义。在建设"人民满意、保障有力、世界前列"的交通强国新征程中，要继续贯彻创新、协调、绿色、开放、共享的发展理念，推动物流质量变革、效率变革、动力变革，全力打造经济高效的现代物流体系，服务交通强国建设。

一、深刻认识现代物流在交通强国建设中的重要作用

现代物流业贯穿一二三产业，衔接生产与消费，是支撑国民经济发展的基础性、战略性、先导性产业。打造现代物流体系需要以完善的交通基础设施为支撑，与交通运输网络实现有效融合，从而共同推动交通强国建设。

（一）现代物流体系与交通强国建设互为支撑

交通是经济社会发展的"先行官"，交通运输是物流的重要环节，高效的物流活动需要综合利用公路、铁路、水运和航空等多种运输方式的通道及节点设施实现货物的"空间转移"。《纲要》在基础设施部分，提出建设现代化高质量综合立体交通网络、便捷顺畅的城市（群）交通网、广覆盖的农村交通基础设施网和多层级、一体化的综合交通枢纽体系等重点任务。交通基础设施网络的完善，将极大优化物流发展的空间格局，为构建高质量物流基础设施网

络奠定坚实的基础,为促进现代物流组织化、规模化和网络化提供有利的前提条件。同时高效的物流体系可为提高运输服务水平、交通强国建设提供支撑。

(二)现代物流体系是推动交通强国建设的必然选择

现代物流通过对物流活动进行科学的计划、组织、指挥、协调、控制和监督,实现运输、仓储、配送、流通、加工、信息处理等整个物流过程的协同和优化,达到降低物流成本、提升经济社会效益、服务实体经济的目标。交通强国致力于建设现代化综合交通体系,形成"全球123快货物流圈",成为社会主义现代化强国的重要支撑。打造现代物流体系有利于促进交通运输转变服务模式,创新服务产品,提升服务技术水平和组织管理能力,进而推动形成国际先进的现代化综合交通体系,让交通运输服务实体经济的效能充分释放,支撑国家现代化建设能力显著增强。

(三)现代物流与交通融合发展是建设交通强国的内在要求

从国内看,打造现代物流体系不仅是激活实体经济活力的内在需要,也是坚持以人民为中心建设交通强国的客观要求。融合现代化综合交通体系,构建适应我国社会主要矛盾变化的现代物流体系,将从根本上改变我国物流业有效供给不足的现状,为人民群众提供更加个性化、多样化、品质化、经济高效的物流服务,提升人民群众对交通强国建设的获得感。

从国际看,我国正以更加坚定的步伐融入全球生产、流通、消费体系,开放的空间、开放的领域愈加广阔,客观要求交通运输与各国基础设施、运营机制、标准体系建立更加紧密的连接。融合互联互通、面向全球的交通网络,构建适应全球化和国际格局新变化的现代物流体系,将提升全球范围内配置资源的能力,拓展国际贸易,切实用好"两个市场、两种资源",有利于推动形成全面开放新格局,发挥交通的先行作用,是交通强国建设的内在要求。

二、贯彻新发展理念推进现代物流体系建设

习近平总书记指出,理念是行动的先导,是管全局、管根本、管方向、管长远的东西。党的十八大以来,在党中央、国务院的领导下,各地区、各部门贯彻创新、协调、绿色、开放、共享的新发展理念,扎实推进现代物流

体系建设，取得显著成效。

（一）坚持创新发展

把创新驱动摆在发展全局核心位置，新技术、新模式、新业态不断涌现，新的增长动能逐步积聚。云计算、物联网、移动互联网、人工智能等信息技术在物流园区、配送中心、末端配送站点等重要物流节点广泛应用，多式联运、甩挂运输、托盘共用、共同配送等物流运作新模式推广普及，一批技术含量高、带动效应强、综合效益好的物流服务平台成长壮大，成为集聚创新要素、激发发展动能的重要力量。

（二）坚持协调发展

更加注重区域之间、城乡之间协调发展。加强全国物流网络建设，推动构建与现代化经济体系相适应的国家物流枢纽网络，实现与综合交通运输体系顺畅衔接、协同发展。服务于"一带一路"建设、京津冀协同发展、长江经济带发展等国家战略，打造具有国际竞争力的全国物流节点和地区辐射力的区域物流节点。深入实施城乡高效配送专项行动，引导邮政、快递、商业、供销等行业资源综合利用，加快构建城乡一体的物流配送体系。

（三）坚持绿色发展

适应新时代生态文明建设的新要求，将绿色发展理念贯穿于物流活动全过程。在全国22个城市实施绿色货运配送示范工程，推动降低物流成本、能耗水平和污染物排放。发布《报废机动车回收管理办法》，促进老旧机动车报废更新。贯彻实施绿色仓储标准，开展绿色仓库认证，加强仓库建筑创新与节能减排技术应用。推进电子商务与快递物流协同发展，加快推广电子运单，推动快递包装物逆向回收。

（四）坚持开放发展

主动融入新一轮高水平开放大局，应对全球供应链格局调整，推进与周边国家交通基础设施互联互通，加快建设国际营销和物流网络。引导物流企业积极参与"一带一路"物流通道、节点建设，推动国际区域物流合作，带动沿线贸易繁荣，促进国际贸易发展。"中欧班列"沿线港口、码头、园区等基础设施成为对外投资热点，白俄罗斯中白工业园、马来西亚马中关丹产业园、中哈连云港物流合作基地、霍尔果斯国际边境合作中心、"霍尔果斯—东大门"无水港等一批跨境物流合作项目已经落地见效。

(五)坚持共享发展

以标准化为基础,以信息化为手段,推进物流设施、技术装备、包装载具、数据信息等资源共享。组织开展商贸物流标准化专项行动和物流标准化试点,以标准托盘循环共用为切入点,推广包装基础模数和标准化集装器具应用,初步形成全国性网络为支撑、区域性网络为补充、相互协同开放的托盘循环共用体系。实施托盘共用和带托运输后,试点企业装卸效率提升4倍,车辆周转率提升1倍,货损率下降60%,综合物流成本平均降低20%。

三、完成社会主义现代化强国建设赋予现代物流发展的历史使命

打造现代物流体系,对于提高我国经济运行质量和效益,优化资源配置,改善投资环境,增强综合国力具有重要意义,是现代化经济体系建设的迫切需要,是交通强国建设的重要任务,是现代化强国建设赋予物流业的使命。要以习近平新时代中国特色社会主义思想为指导,坚持质量第一、效益优先,加快推动物流质量变革、效率变革、动力变革,为实现"两个一百年"奋斗目标和中华民族伟大复兴的中国梦贡献更大力量。

(一)以提高供给质量为主攻方向,推动物流业质量变革

提高物流业发展的质量效益,关键在于增加有效供给,提高物流服务水平,优化供给体系质量。鼓励传统物流业深耕细分市场,做优做精服务内容,提供准时、高效、直接的优质物流服务。适应我国生产消费格局加速调整的趋势,加快培育新型专业化服务,重点支持第三方物流、包装加工、分拨配送、货运代理等专业化服务的发展,提高对传统物流服务的整合和带动。推动物流企业"走出去",在海外设立分支机构,构建海外仓储及配送体系,打造跨国供应链体系,拓展国际服务网络,全面提升全球资源配置能力。不断完善物流生态体系,重点发展一批物流设施设备投资运营、物流信息化、物流金融等服务商,加快形成专业化、社会化物流配套服务体系,为打造现代

物流体系提供高质量的资源要素支撑。

（二）以打造高效物流体系为主要目标，推动物流业效率变革

破除制约物流效率提升的障碍，把握好标准化、信息化、智能化三个关键要素。构建物流基础标准、物流技术标准和物流服务标准为支撑的现代物流标准体系，推动标准装载单元器具的循环共用，做好仓储、运输、配送、车辆、装备等的标准衔接。统一物流信息采集方法、手段和格式标准，推动物流活动信息化、数据化。依托移动互联网、物联网、大数据、云计算等信息技术，大力发展"互联网+"车货匹配、"互联网+"运力优化、"互联网+"运输协同、"互联网+"仓储交易、"互联网+"城市配送等新业态、新模式。搭建互联网平台，创新物流资源配置方式，扩大资源配置范围，实现物流供需信息共享和智能匹配。推广应用智能物流装备，鼓励物流机器人、自动分拣设备等新型装备研发创新和推广应用，加快自动化和智能化发展步伐。

（三）以创新驱动为根本动力，推动物流业动力变革

加快形成创新驱动的物流发展新格局，要从传统要素驱动向创新驱动转变，在推动高质量发展的同时走内涵式的发展道路，增强物流业发展的内生动力。创新物流发展方式，提供订单管理、采购执行、资金融通、贸易商务等多元化的物流服务，全面提高承接工商业非核心业务外包能力；大力发展现代供应链，推动采购、运输、仓储、加工等资源的整合和优化配置，实现上下游的高效协同。创新组织形态，抓住"关键少数"，推动有条件的物流企业上市、并购、重组及联合，成为推动物流发展的龙头和参与国际竞争的主力军；引领好"绝大多数"，以物流园区、交通枢纽、制造业集群为依托，推动中小物流企业集群集聚，释放中小物流企业发展动能。创新物流运作模式，大力发展共同配送、统一配送、集中配送等集约化配送方式，推动物流绿色发展。

（四）以全国物流网络体系为支撑，巩固物流业变革基础

完善的物流网络体系是物流业发展变革的基础。加强与交通基础设施配套衔接的物流基础设施建设，布局和完善一批具有多式联运功能、支撑保障

区域和产业经济发展的综合物流枢纽。加强铁路、公路、水运、民航、邮政等基础设施建设衔接，支持港口集疏运铁路、公路建设，畅通港站枢纽"微循环"。加强交通运输、商贸流通、供销、邮政等相关物流资源与电商、快递等企业的物流服务网络和设施共享衔接，逐步完善县乡村三级物流节点基础设施网络，实现多站合一、资源共享。

推动交通与旅游融合发展

文化和旅游部　王晓峰

经过四十年的努力奋斗，今天的中国已经完成了从旅游资源大国到旅游大国的转型，正在从旅游大国走向旅游强国。与此同时，随着交通行业领域改革向纵深推进，我国正从交通大国迈向交通强国。旅游强国、交通强国则意味着中国已经走进了世界经济体系的中心位置，对全球产业格局产生越来越大的影响。

交通与旅游相得益彰，共生共荣、密不可分。交通运输是旅游业发展的基础支撑和先决条件。旅游是交通不可或缺的业务领域。交通基础设施的跨越式发展，为旅游业的发展创造了基础。大众旅游、全域旅游新时代的到来，对交通供给的服务品质提出了更高要求。为此，旅游和交通这两个和人民幸福生活息息相关的行业，顺应时代要求，迈入了高度融合的新时代。

一、交通与旅游融合发展的意义

交通与旅游融合发展是时代的呼唤和重托。交通与旅游融合，是跨界融合与协同发展，是对中央"创新、协调、绿色、开放、共享"五大发展理念的贯彻落实，是让更多的旅游交通公共服务和品质提升为人民所共享，成为满足人民群众美好生活向往的新途径、新空间、新范式，这是时代发展的呼唤和重托。

交通与旅游融合发展是供给侧结构性改革、转型升级、新旧动能转换的现实需要。交通与旅游融合的主线是交通运输行业和旅游业深化供给侧结构性改革，中心是促进转型升级和新旧动能转换。交通与旅游融合是经济社会发展对交通运输业和旅游业发展的必然要求，对于催生发展新业态及新模式、培育发展新动能等，具有十分重要的意义。

交通与旅游融合发展是全域旅游发展的基础工程，是助力脱贫致富的有效抓手。旅游发展，特别是远程旅游目的地市场的发展，离不开航空港、邮轮母港、高速铁路、高速公路等交通基础设施的支撑。交通不仅丰富了旅游的内涵，其格局还很大程度上影响着旅游格局。可以说，交通与旅游融合发展拓宽了旅游发展的空间，打破了地域分割、交通阻隔等制约因素，催生了旅游发展的新模式，势必推动着全域旅游走向更加深入和更加广阔的空间，也将带动着贫困地区走上脱贫致富的康庄大道。

交通与旅游融合发展是新时代满足我国人民美好生活需要的重要途径。从我国市场基础和消费行为的变化来看，必然要求国家交通运输建设和旅游发展战略转向以人民为中心，将人民对美好生活的向往作为发展的目标。通过提升交通与旅游融合的高端优质产品和服务供给，能够促进经济社会发展、推动民心相通，不断满足人民对美好生活的需要。

二、交通与旅游融合发展现状

近年来我国旅游业取得了快速发展，2018年，全国共接待国内游客55亿人次、出境游客1.5亿人次和入境游客1.41亿人次，国民平均出游率超过4次，已经接近发达国家的平均水平。高达11.04%的国民经济综合贡献率，进一步巩固了旅游业在国家经济社会发展中的战略性支柱产业地位。伴随着旅游业的大发展，自驾车旅游、专列旅游、低空飞行、邮轮旅游、慢行交通等旅游交通获得了长足发展，交通与旅游融合大势已成，成效显著。

一是国家高度重视交通与旅游融合发展。

党的十八大以来，作为中央"巩固、增强、提升、畅通"八字方针推进供给侧结构性改革的重要抓手，交通与旅游融合正处于重要的历史机遇期。国家从顶层制度设计层面高度重视交通与旅游融合发展。2016年至今，交通运输部、国家发展和改革委员会、文化和旅游部会同财政、商务、金融、科技等部门抢抓机遇，先后出台一系列政策法规，如《国务院办公厅关于促进全域旅游发展的指导意见》《"十三五"旅游业发展规划》《关于促进交通运输与旅游融合发展的若干意见》《关于实施旅游休闲重大工程的通知》《关于促进自驾车房车旅游发展的若干意见》《关于实施绿色公路建设的指导意见》《全国红色旅游公路规划》《关于组织开展旅游公路示范工程建设的通知》等，从政策保障、体制机制、投融资、项目开发建设等方面，大力推动了交通与旅游融合发展。这些政策的出台，促进了旅游交通产业结构逐步优化升级、推动了旅游交通产品和服务更加优质丰富，更好地满足了人民对美好生活的新期待。

二是地方积极响应，大力推进交通与旅游融合发展。

近年来，各地对交通与旅游融合发展的积极性空前高涨，并努力实践探索，通过创新性与可操作性相结合，优化存量与合理配置增量相结合，软硬件结合，交通与旅游融合发展的路径逐渐清晰，并取得实效，主要体现在：交通与旅游发展规划编制及协同工作机制建立；相关政策标准出台；重要景区景点纳入交通重点项目连通对象；旅游公路、旅游风景道，以及自驾车旅游、低空旅游、邮轮游艇等特色旅游交通产品开发正在逐步加强；旅游轨道交通、通用航空、旅游水运等旅行方式，以及不同方式之间的枢纽衔接等取得实质性发展；自驾游露营地、房车基地、公路驿站等相关配套服务设施的建设如火如荼；公共自行车、观光小火车等特色交通游览项目已经在实践中取得显著成果等。

目前，29个省（区、市）已开展旅游公路和风景道建设，部分省份已出台与旅游公路、通景公路建设发展相关的指导意见、规划等。例如，河北省高度重视风景道发展，与京津蒙联合打造"环京津冀千里草原旅游大道"；借助第三届河北省旅游产业发展大会，大手笔、高品质建设了国家1号风景大道，贯穿围场满族蒙古族自治县、丰宁满族自治县两个国家深度贫困县，有效辐射带动坝上区域16个乡镇、5个分场、112个行政村和坝下区域33个乡镇、283个行政村走上乡村旅游脱贫致富路，助推6.2万贫困人口脱贫致富。

海南省全方位推进交通与旅游融合发展。大力建设多样化特色旅游交通体系，完善环岛滨海旅游公路，延伸滨海火车旅游专列，建设自驾车旅游服务体系，建设旅游休闲览步道体系，建设近海水上巴士线路体系，不断推动邮轮游艇旅游发展，规划建设低空通航观光网络。全面建设全域化旅游交通服务体系，建设覆盖大三亚地区的旅游集散体系，开通连接旅游集散中心的旅游班线体系，构建统一的旅游交通引导标识体系。建立统筹协调的旅游客运管理体制，放松旅游客运的垄断和管制，组建旅游集散中心管理实体，加强对汽车租赁行业的引导，加强对网络约车行业的引导。推动智慧交通，加强各类旅游客运方式的实时监控，实施"互联网+"战略，建设统一的旅游客运预订平台，建设统一的旅游客运监控平台。

新疆维吾尔自治区积极探索"交通+旅游"新模式。2018年起，新疆对在建公路项目的服务区进行升级改造，优化服务区功能布局，增加人性化服务设施，推进交通与旅游融合发展。近期，以G30线星星峡至霍尔果斯、G3012线吐鲁番至和田、G7线明水至乌鲁木齐等为主要线路，重点规划和建设进出疆通道、南北疆经济走廊带、交通枢纽、旅游景区、城市周边道路等的特色主题综合服务区。远期，升级改造将逐步覆盖全疆各服务区。

三是市场主体积极投入交通与旅游融合发展。

"轨道+旅游"作为一种新型旅游交通产品和产业模式也开始受到市场关注。旅游专列作为一种新型的旅游体验方式，作为市场化的重要增长点日益受到重视。比如，北京铁路局陆续新开或增开由京津冀始发，开往江西井冈山、重庆、贵州遵义、新疆和田、内蒙古乌兰察布、湖南韶山、黑龙江哈尔滨等地的100余列旅游专列，搭乘快速便捷的旅游专列，使得休闲游或深度游成为可能。陕西省铁路集团有限公司和陕西建工集团有限公司加快推进旅游轨道的发展，并于2019年1月承办了主题为"开创旅游轨道新时代，培育产业发展新动能"的首届"世界旅游轨道大会"，对旅游轨道交通进行了理论与实践探索和交流。在交通与旅游融合发展的大潮下，中国铁路唯一官方订票App推出"旅游服务"全新板块，助推"交通与旅游融合"，为旅客出行带来更多便捷。

尽管近年来交通与旅游融合发展取得了显著成绩，但是也要看到，交通与旅游融合仍然处于起步阶段，无论是规模总量还是质量效益，无论是对内满足人民需求还是对外扩大影响力，依然任重道远，存在着许多亟待解决的现实问题。其一，高质量旅游交通供给不足，供需匹配矛盾。目前旅游交通服务设施功能不健全，公共服务效能有待提升，服务品质需要进一步规范，市场需求匹配度须进一步提高。此外,我国人口众多、客流量、交通流量大,尤其是在旅游旺季,交通运输网络能力与客源需求时空匹配矛盾冲突较大,交通易拥堵,管理维护难度大,品质体验不足。其二,标准体系缺乏,理论研究滞后。传统交通以硬指标为主,这种工程设计的指标体系和规范,已经不能适应今天交通与旅游融合软硬兼顾的要求。交通与旅游融合行业标准缺乏影响了交通与旅游融合发展。由于交通与旅游融合是新生事物,目前理论研究远远滞后于实践发展的需要,对实践指导作用还十分有限。其三,土地约束大,投融资受困。交通与旅游融合不仅要实现交通通达、景观保护,还要促进沿线廊道地区空间优化、产业发展,为此,对土地提出了更多的要求。原来的土地政策已不足以支撑交通与旅游融合发展。旅游交通投融资需求大,资金来源不足,经济回报率低,是发展的一大障碍。如果不能解决旅游交通盈利点、利益回收期等问题,将很难调动企业积极参与交通与旅游融合。

三、推进交通与旅游融合发展方向和举措

新形势下,交通与旅游融合发展方向应该是:以满足人民对高品质、多元化、个性化旅游交通出行需求,以美好生活的需要为出发点和落脚点,着力解决好交通与旅游融合发展中不平衡不充分问题,有效释放旅游消费潜力,创造新的发展空间,赋予新的发展动能,持续提高旅游交通服务供给的质量和效益,提高人民群众的参与感、获得感和幸福感。交通与旅游融合发展是大概念,形势好,空间大,困难多。未来要充分把握新时代带来的新变革、新机遇,采取积极举措,大力推进交通与旅游融合向高质量、高效益、高层次发展。

新时代的交通与旅游融合主要有几个方面:

一是推动交通行业和旅游行业在发展理念上的沟通和融合。需要加强组织领导,转变理念观念,深刻理解交通旅游融合发展是新的增长点,是可持续增长点,把交通发展与促进旅游发展作为工作的指导方针。

二是推进顶层制度设计,建立联动推进机制。交通与旅游融合发展不是一个部门、一个行业凭一己之力能够推动的。要建立健全联动机制,通过跨界融合、资源整合、高端平台搭建,促进政府、学界、行业以及协会组织等

协同合作，发挥交通＋旅游（1＋1＞2）功效，共同促进交通与旅游深度融合发展。

三是加快推进相关标准建设，推动示范引领。标准问题既是关键也是难点。要注重交通与旅游等不同标准之间的衔接，加快推进相关标准规范的制定与出台。在做好团体标准的基础上，积极申报上升为行业标准。与此同时，开展启动一批示范工程，形成可复制、可推广的经验和模式，引领各地区实践工作规范化发展。

四是推进交通与旅游融合产品创新，提升旅游运输服务质量。以高质量发展为导向，着力于品质提升，培育一批以居民和游客消费作为双重支撑、有广泛社会影响力、强大国际竞争力的交通与旅游融合发展的新产品和新品牌。在旅游运输服务方面，充分调动民营企业、社会组织、团体、个人等的参与积极性，形成多元化的供给体制，积极探索"交通＋旅游"公共服务与治理新模式，推进旅游运输服务体系更平衡、更充分、更高品质发展。

五是实施创新驱动，推动旅游交通和科技深度融合。要把创新贯穿到交通与旅游融合的各环节，大力推进理念创新、技术创新、管理创新和制度创新。产品要研发，品牌要培育，业态要创新，都离不开科技的力量。加快推进旅游交通和科技深度融合，鼓励和支持培育基于大数据、云计算、物联网、人工智能、5G（第五代移动通信技术）等新技术的新型旅游交通业态，提升旅游交通产业科技支撑水平，在深度和广度两个方面推动交通与旅游融合向纵深发展。

六是加快出台促进交通与旅游融合发展的政策。交通与旅游融合发展，涉及交通工具管理、旅游客运管理、土地、财政等多方面的政策因素。要加快出台有利于旅游交通基础设施、旅游集散中心、自驾车房车露营地等项目建设的用地政策；出台有利于各类旅游交通客运类型发展的投融资政策；出台有利于汽车租赁、低空旅游、内河航运、邮轮游艇管理等方面的促进政策；出台有利于吸引市场主体以及各类人才从事旅游客运经营的招商引资和人才政策。

七是加大投融资力度，形成多元化投融资格局。灵活的土地使用和多元化的融资渠道，是交通与旅游融合健康和可持续发展的重要保障。要积极进行投融资改革探索,加强政府引导、企业与相关组织支撑与个体支持,使社会主体全面参与到交通与旅游融合发展之中。要采用财政补贴与PPP(政府与社会资本合作)相结合等多种投融资模式,将旅游交通的公益属性和旅游交通产业的经营属性有机结合。

八是立足交通与旅游融合发展实践,深化理论研究。要以我国实际为研究起点,深化交通与旅游融合发展的理论研究,努力构建中国特色旅游交通理论体系。要加强交流融合的应用性研究,有效服务科学决策。要加强学术交流,着力提升中国旅游交通研究的影响力,为世界旅游交通发展提出中国方案、贡献中国智慧。

增强交通应急救援能力

应急管理部　孙华山

一、《交通强国建设纲要》应急篇章的背景

建设交通强国是党的十九大作出的重大战略部署，是以习近平同志为核心的党中央立足国情、着眼全局、面向未来作出的重大战略决策，是全面建成社会主义现代化强国的重要支撑。纵观全球大国崛起，几乎都以交通发达为标志。顺应新时代、新要求，建设"人民满意、保障有力、世界前列"的交通强国是民族复兴所系、发展大势所趋、人民幸福所向。

交通运输是连接城市的重要纽带，也是为突发事件应急运送人流、物流的重要通道。交通运输对灾害应对成功与否有着重要的影响。在地震、台风、火灾、爆炸等重大灾害的应对中，交通运输行业应对工作关乎应急抢险的生命通道、关乎重要应急物资的及时送达、关乎受灾群众的快速转移。交通运输应急体系作为国家应急体系的重要组成部分，在各类突发事件的应对中起着重要的保障和支撑作用。完善交通运输应急体系、提升交通运输应急救援能力是建设交通强国的重要任务。

二、《交通强国建设纲要》应急篇章的具体内容

《交通强国建设纲要》第六项任务中"强化交通应急救援能力"从应急机制、法规体系、基础保障、社会协同、国际救援等方面对交通强国应急体系建设任务进行了部署。

（一）建立健全综合交通应急管理机制

建立健全综合交通运输突发事件的应急会商机制，强化协同配合，通力

合作，共同应对，保证事件信息及时共享，措施共同会商研判，资源及时调配，相关手续相互给予便利等等。深化部际应急资源共享机制，实现部际间的事件、数据、图像、视频等资源全面共享，提高应急资源利用率，节约应急资源建设成本。深化部际、省际等应急联动协作机制，强化应急救援与应急处置多部门共同合作。发生重特大灾害事故，为应急救援力量开通绿色通道，提供装备物资运输、救援人员投送、公路水路铁路航空保畅等各项交通运输保障。推动建立健全新型车辆破拆信息备案机制，为应急救援力量实施车辆事故救援提供技术保障。

（二）完善国家海上搜救和重大海上溢油部际联席会议机制

一是注重从立法合作机制入手，进一步明确细化部际联席会议的管理办法，出台相关法规、规定和实施细则，使部际联席会议制度真正走向法制化和制度化。二是研究制定综合交通运输体系建设协调法，明确协调机制的原则、工作目标，需协调的部门、职能、权利边界、工作程序、监管联席会议制度、信息共享平台的构建、突发应急事件的磋商、联合执法工作机制、现场与非现场监管请求权的实施、交叉职责监管权限争议处置程序、信息共享平台、法律责任追究等内容。三是兼顾专业化与行政效能，提高部际联席会议的运作效果。增强交通应急救援专业化水平，专业性的重大事务应该由专业部门来牵头管理。增强行政活动的协调性，一些职能相近、业务相互联系的事务集中到一个部门中进行管理，避免部门间的相互推诿和行政责任虚化，影响政策执行力度。

（三）完善征用补偿机制

一是明确应急资源征用补偿的工作程序。二是制定应急资源征用补偿的标准。三是规范应急资源征用补偿的经费管理，按照"分级负责、属地管理"的原则，根据突发事件等级、责任主体以及当地经济发展状况，采取分级负担、地方为主的管理方式，建立政府投入负担机制。四是建立各级交通运输主管部门之间、主管部门与企业之间合理的风险分担机制，明确各自的风险分担机制，明确各自的风险责任。五是建立健全应急征用补偿的监管制度，强化事前、事中、事后监管。

（四）建立部门协同、区域联动的交通调度与应急指挥体系

一是完善调度与应急指挥体系，丰富预警监测手段，增强现场感知能力和信息获取能力，建立智能化应急指挥平台，提升交通应急与服务保障能力。强化交通应急属地责任，建立健全信息互通、优势互补的资源共享机制；建立纵向贯通、横向协同的联动机制；建立及时权威、公开透明的信息发布和新闻宣传机制；建立科学有效的后评估机制，强化预案的动态优化和科学管理。二是实现行业应急信息资源的互联互通，行业运行的动、静态数据信息，应急物资、装备、队伍等应急资源、应急预案等数据信息汇聚融合，展示交通行业综合运行动态，基于"一张图"显示应急物资、装备、队伍等应急资源信息。在提升日常运行监测预警和应急指挥决策及调度能力的同时，重点增强跨层级、跨部门、跨区域应急的联动效率。三是建立完善地方综合交通应急指挥中心，规范统一各级综合交通应急管理机构设置、工作体制，实现国家、地区应急顺畅联动，建立应急资源共享机制，在重大应急事件时实现信息共享，提升应急协作能力。

（五）加强应急救援基础建设，增强交通应急保障能力

一是提升应急处置能力，加强专兼结合的应急救援力量建设，增强现场处置能力，统筹优化专业应急救援力量布局，加强专业应急救援装备配备，提升国家专业队伍、地方骨干队伍、基层队伍、企业队伍、社会力量应急救援队伍应急处置能力。提升交通监管与服务保障能力，优化全国监管力量整体布局，加强区域性协调监管和应急救助联动的综合能力。二是开展形式多样、节约高效的应急演练和技术交流活动，提升应急响应能力。加强演练评估工作。建立交通运输突发事件典型场景库，通过组织多场景、多灾种、跨区域、跨部门的应急演练。充分利用信息化手段，开展实战、桌面等多种方式的应急演练，通过增加非预设场景、不预先告知演练时间和演练科目等手段，使演练切实达到检验预案、锻炼队伍、提高应急响应能力的目的，避免重"演"轻"练"。组织开展车辆事故救援技术交流，邀请国内外专业救援队伍与各地消防救援队伍开展技术交流，共同提高应急救援技术水平。

（六）积极引导社会力量有序参与应急救援，鼓励发展社会化应急救援体系

支持社会应急救援力量发展，鼓励企业自建的应急救援队伍提供社会化救援有偿服务；完善政府与社会力量的协同机制，通过政府购买服务、签订"服务协议"、搭建协作服务平台等形式，支持引导社会力量有序有效参与应急救援行动。建立健全应急响应社会动员机制，发挥社会力量在信息报告和协助救援等方面的作用，引导社会力量有序参与重特大突发事件应急救援行动。

（七）积极参与国际应急救援，加强国际应急救援合作

与有关国家、联合国机构、区域组织等建立良好的合作关系，向有关国家提供力所能及的紧急人道主义援助，并实施防灾监测、灾后重建、防灾减灾能力建设等援助项目，积极参与国际减灾框架谈判、联合国大会和联合国经济及社会理事会人道主义决议磋商等，不断加深务实合作，有效服务外交战略大局，充分彰显交通强国形象。

把握交通强国建设的关键突破点

中国工程院 何华武

党的十九大做出了建设交通强国的战略决策,这是党和国家赋予中国交通运输业的崇高使命。

建设交通强国是满足人民美好生活需要的重要支撑,是建设社会主义现代化强国的重要组成部分,也是抓住交通运输重大变革机遇、构建世界前列的交通运输系统的必由之路。

中国工程院重大咨询课题"交通强国战略研究"项目组经过2年研究,明确了走中国特色交通强国之路,提出了建成"安全、便捷、高效、绿色、经济"的现代化综合交通运输体系的总目标、第一阶段进入交通强国行列、第二阶段建成世界前列的交通强国的分阶段目标,在此基础上凝练提出了交通强国建设的9大战略重点,包括构建现代化综合交通基础设施网络、实施创新驱动交通发展、提升交通智能化水平、实现世界一流交通服务、坚持绿色交通发展、显著提升交通安全水平、破解城市交通拥堵、加强乡村交通运输体系建设、建设通达全球的交通体系。

从工程科技与工程管理角度,上述9个战略重点基本覆盖了交通强国建设的主要方面。尽管这些方面都非常重要,然而却有几个"牛鼻子"重要问题,应该更加突出地加以强调。

交通的一体化、绿色化、智能化、共享化发展,是世界交通发展的主流趋势,将引发交通基础设施、能源动力、技术装备、运营管理、服务模式的深刻变革。聚焦这一趋势,抓住交通领域创新发展的关键突破点,有利于抓住交通强国建设的"牛鼻子"。

一、充分利用转型升级"窗口期",实现一体化和高质量发展

随着中国特色社会主义进入新时代、经济发展由高速增长迈入到高质量发展的新阶段,我国交通基础设施发展也将进入新阶段。交通发展新阶段出现值得注意的两个标志性特点——"变坡期""窗口期"。

(1)未来30年,随着我国产业结构、消费结构、能源结构、人口结构变化以及特高压输电能力的不断增强,大宗物资运输需求相对减少、国内货物运输总量增长幅度将出现下滑趋势;客运需求增速将逐步有所放缓。通过供给与需求关系的分析,可以预见2020年以后,我国将进入交通需求总量增长和基础设施建设投资规模增长同步放缓的新阶段,亦即我国将进入建设投资既保持可观规模、增长又适度放缓的"变坡期"。进入"变坡期"交通基础设施建设强度将逐步下降,养护和提质改造需求将逐步上升,要强化基础设施建设的精准施策和建设时序优化。

(2)从2020年到2030年这10年时间,将是交通基础设施保持合理规模的建设期,也是实现交通基础设施一体化和高质量发展的关键"窗口期"。

"窗口期"是不可多得的"优规划、调结构、补短板、构建现代化综合交通基础设施网络"的机遇期。

要充分利用好"窗口期",在优化规划的基础上,加强短板和弱项,建成一体化综合交通基础设施网。对于由不同交通方式构成的复合交通走廊,要统一规划,形成综合运输能力。

要充分利用好"窗口期",建设一体化的综合交通枢纽,打通"最后一公里",实现铁路、公路、水路、航空和城市交通相互融合,重要港区铁路进码头、大型物流园区直通铁路;做到高铁与机场,地铁与火车站、汽车站的无缝衔接;优化站、港枢纽建设布局,减少城市交通压力。

要充分利用好"窗口期",大力推广网络、智能等新技术,推动各种运输方式信息、服务的一体化发展。

交通一体化实现的关键是要具备一体化的基础设施、一体化的运行组织与管理、一体化的信息服务、一体化的机制体制。

二、重点发展轨道交通和新能源汽车，支撑绿色发展新格局

城市交通拥堵是我国城市化进程中面临的普遍问题和发展瓶颈，城市群是我国新型城镇化发展的主体形态。破解城市交通拥堵与污染、应对城市群发展挑战的关键是建设绿色交通主导的综合交通体系，实现交通全环节、全寿命周期的绿色化。

实现交通的绿色化需要通过绿色规划引领、绿色方式主导、绿色工具主体、绿色设施支撑、绿色管理保障等五大方面来构建"结构合理、集约高效、节能环保、以人为本"的绿色交通体系。

通过分析，实现交通绿色化的当务之急是根据交通需求特性发展城市、城市群轨道交通和实现新能源汽车的换道超车。

（一）在人口密集地区，建设城市和城市群轨道交通，构建轨道上的都市圈和城市群

我国城市人口规模和密度大，交通需求强度高，非西方国家可比。国内外经验证明，破解高人口密度城区的交通拥堵、实现节能减排目标的关键，是构建以轨道交通为骨干网络的综合交通系统。不仅如此，推进城市群一体化、实现交通绿色化发展的基本前提条件也是建立轨道交通系统，构建轨道交通引导的走廊发展模式，承担交通走廊上的主体交通需求，优化城市群城镇、人口、产业空间布局，实现布局紧凑、集约高效的区域空间发展方式，串联城市核心区、区域重要的功能区和成长性地区联动发展，促进土地资源的高效集约利用，通过轨道交通引导形成合理的城市群城市布局和用地形态，强化轨道交通与城市用地的深度结合。

因此，应在科学规划的前提下，加强轨道交通建设力度。同时，应抓住轨道交通建设的机遇，推进轨道交通站点与周边用地一体化开发，实现交通系统与土地使用的深度融合；打造客运零换乘、货运无缝衔接综合交通枢纽，推进多种运输方式一体化设计、同步建设、协同管理，加强轨道交通与大型客流集散点接驳，尤其是加强区域性轨道交通包括城际铁路、高铁，城市轨道交通与机场的联系，形成一体化综合交通枢纽。此外，还需要科学把

握轨道交通建设时机和选择技术制式，扎实做好可行性研究，既不能过热，也不能错过区域发展的宝贵时机，根据需求特性建设城市群不同层次的轨道交通系统，还应充分利用既有铁路空间走廊运能，提供多层次的轨道交通服务。

（二）发展新能源汽车，实现我国新能源汽车换道超车

经过多年持续努力，我国新能源汽车实现了快速发展，我国已经成为全球最大的新能源汽车生产国和销售国。从汽车工业发展的角度看，我国在传统汽车发展路径上实现赶超已十分困难，而新能源汽车在动力、控制等机理上与传统汽车完全不同，且当前我国的发展水平与发达国家差距不大。因此，只要充分利用产能、技术研发、电池生产、充电基础设施建设等有利条件，发挥我国制度和市场优势，就有可能抢占新能源汽车的制高点，实现"换道超车"。与此同时，还应加强对燃料电池汽车的研究，推动新能源船舶研发应用。据预测，2030年我国电动乘用车销售量占汽车总销售量的比例将达到40%，公共交通工具可全部实现电动化。为此，要在充（换）电装置、电力输送、废旧电池回收再利用等方面做好相应配套工作。

三、以智能技术为抓手，推动交通系统变革升级

提高交通智能化水平，是提高交通运输系统效率、安全和服务水平的关键和抓手，借助于交通大数据、移动互联、云计算、人工智能等信息技术的深广度应用和跨界融合应用，是实现我国走向世界交通强国的切入点和抓手。

目前我国交通大数据、物联网、人工智能、5G网络、北斗卫星导航技术发展迅速。我国智能交通发展与发达国家相比除了关键芯片制造技术外差距不大，总体处于并跑状态。由于我国市场需求巨大、应用环境好、数据量大，智能交通有条件在2030年前后进入世界前列。交通智能化的关键包括构建世界领先的城市智能交通系统、提出车路协同的自动驾驶之路、综合运输智能化实现突破。

通过分析，交通智能化近期建设应抓住以下重点实现突破：

（一）构建世界领先的城市智能交通系统，突出打造世界一流的城市智能交通管理系统

推进交通大数据共享平台及业务联动应用，构建城市交通大数据综合分析研判平台和城市"交通大脑"，提高交通状况实时分析、交通动态变化预测、交通违法行为自动识别、交通事故隐患自动预警、交通拥堵成因分析、智能应急救援水平，全面建设智能交通管理、智能公交、智能停车、智能枢纽、智能出行服务体系，助力破解城市交通拥堵，实现交通节能减排。

将智能交通管理系统纳入率先突破领域。基于大数据、互联网、人工智能、电子支付等先进技术，创新交通管理服务模式，率先实现集基于交通大数据的信息全面感知及智能化分析研判预警，交通运行状态实时监测、问题诊断及智能决策支撑，"情指勤督服"一体化可视化指挥调度，智能信号控制与诱导协同，基于大数据的交通管理精准信息服务，交通设施云端运维管理于一体的世界一流智能交通管理系统。

（二）加强自动驾驶技术研发与应用，着力通过车路协同，实现动态互联、控制与诱导结合，优化运行组织和控制，提高安全水平

在推进车路协同研究进程中，既要建设智能交通基础设施系统，也要加强汽车自动驾驶功能的开发。为此需要强化以下 6 个方面工作：

（1）强化车路协同基础理论研究，做好顶层设计。完善自动驾驶测试及上路行驶标准法规，实现自动驾驶技术赶超。基于我国交通在大数据、物联网、5G 移动通信、北斗卫星导航、人工智能研究、相关基础设施建设（数字地图、道路设施）等方面的相对优势，以"聪明的路"（基础设施智能化）结合"智慧的车"推进自动驾驶技术发展，闯出一条性价比高、建设速度快的车路协同技术发展道路。

（2）突破智能网联综合前沿技术。充分挖掘创新资源，加强开放合作、协同研发，大力开展复杂系统体系架构、复杂环境感知、智能决策控制、人机交互及人机共驾、大数据应用、信息安全等基础前瞻技术研究，2030 年自动驾驶关键技术与产品达到世界先进水平。

（3）实现道路基础设施智能化提升。制定车路系统顶层设计，"以聪明的路"为主，分阶段、分区域推进道路基础设施的智能化建设，逐步形成多维监测、精准管控服务能力。统一通信接口和协议，推动道路基础设施、智能汽车、运营服务提供商、交通安全管理系统、交通管理指挥系统等信息互联互通。

（4）逐步建成智能汽车大数据云控基础平台。重点开发建设逻辑统一、物理分散的云计算中心，标准统一、开放共享的基础数据中心，自主可控、安全可靠的云控基础软件。

（5）加快制定智能网联汽车标准与规范。研究确定我国智能网联汽车专用短距离通信频段及相关协议标准，规范车辆与平台之间的数据交互格式与协议，制定车载智能设备与车辆间的接口标准，研究制定车辆信息安全相关标准。

（6）重点推进智能网联汽车示范区建设。重点利用机场、港口、矿区、工业园区和旅游景区等相对封闭区域，相关部门设定的城市公交道路等开放区域，以及北京冬奥会和通州副中心智能交通、雄安新区智慧城市等重大工程建设，开展智能汽车示范运行。高速公路长途客货运输自动驾驶得以推广应用。

因此，我国应充分发挥政府主导作用，当前着力推进以建设智能交通基础设施为主的技术路线，使汽车自动驾驶低成本起步、更快落地，并为自动驾驶进入高级阶段创造条件，走出一条中国特色的自动驾驶系统发展之路。

四、创新管理理念，提高治理能力，支持共享交通发展

在共享交通领域，新模式、新业态接连涌现，不断提高交通工具和交通基础设施的利用效率，无论是体量还是运营模式及种类，我国都已成为全球共享经济发展的重要力量。在交通出行领域，以"网约车""共享单车""共享汽车"为主要模式的共享交通正在改变交通运输的生态圈，影响并改变着人民的出行及生活模式。自行车相对于小汽车，具有机动灵活、准时性高、低碳环保等特性，是完成人们"最后一公里"出行的理想交通方式。"共享单车"的出现和发展，为自行车回归城市，创造了机遇和可能。

共享经济模式在交通领域的应用空间广阔，交通设施（停车设施、充电设施等）、运输工具（自行车、汽车、货车等）、交通信息与数据、交通服务

等都可以通过共享模式发挥更大作用。这样不仅有利于现有交通各类资源的最大化利用、降低交通出行和物流成本、避免再走发达国家"每家有车"的路子，还可以缓解资源有限性与个性化需求不断增长之间的矛盾，逐步降低私人拥有交通工具的需求，是破解资源短缺、实现高效发展的重要途径。

因此，要创新管理理念，鼓励交通运输领域共享经济发展。对于共享交通模式暴露出的问题和风险，各级政府既要加强监管，责成相关企业规范经营，也要给共享交通发展提供适度宽松的市场环境。应通过管理创新和科技创新，不断提升治理能力，处理好创新与防范风险的关系，破解新矛盾和新问题，激发和保护企业创新活力；应通过社会信用体系建设、发挥社团协会等第三方组织力量，实现新业态的有序竞争和行业自律；应做好共享交通发展的顶层设计，尽早研究制定相关法律、标准。

综上所述，建设交通强国的过程、时间较长，是一个复杂的系统工程，影响交通强国建设的因素众多，本研究侧重从工程技术和工程管理角度，结合世界交通发展四大趋势，聚焦到近期工作，将一体化、绿色化、智能化、共享化作为了交通领域创新发展的关键突破点，期望为国家及相关部门制定我国交通强国建设实施战略政策与措施提供支撑，为各级决策人员、专家学者进一步深入研究提供参考和借鉴，为走出一条中国特色的交通强国之路提供思路与政策咨询，为实现我国从交通大国走向交通强国的目标贡献智慧。

加强金融服务支持　助力交通强国建设

人民银行　朱鹤新

党的十九大报告明确提出建设"交通强国",这是党中央在新的历史方位上作出的重大决策部署。交通是兴国之要,强国之基,中共中央、国务院印发的《交通强国建设纲要》提出,加强资金保障,鼓励采用多元化市场融资方式拓宽融资渠道,积极引导社会资本参与交通强国建设,明确了金融支持交通强国建设的总体要求,对金融服务交通强国建设具有重要指导意义。当前,中国经济增长保持韧性,继续运行在合理区间,延续总体平稳、稳中有进的发展态势,但内外部不确定不稳定因素有所增加,经济仍存下行压力,实现经济稳定增长、推动高质量发展需要发挥有效投资的拉动作用。按照《交通强国建设纲要》要求,从货币政策、信贷政策、金融市场等多方面入手,促进金融政策与交通强国建设相关政策协同,着力做好交通强国建设的金融服务工作,提高金融服务交通强国建设的质效。

一是实施稳健货币政策,为交通强国建设营造良好的货币金融环境。稳健的货币政策保持松紧适度,抓住银行是货币创造主体及货币政策传导中枢的关键,缓解银行信贷供给面临的流动性、利率和资本约束。灵活运用存款准备金率、中期借贷便利、常备借贷便利、公开市场操作、再贷款再贴现等多种货币政策工具保持流动性合理充裕。深化利率市场化改革,提高利率传导效率,改革完善贷款市场报价利率(LPR)形成机制,疏通货币市场利率向信贷利率的传导,推动降低实体经济融资成本,缓解利率约束。以永续债为突破口补充商业银行一级资本,创设并开展央行票据操作予以支持,进一步提升商业银行信贷能力。整体上为交通强国建设营造良好的货币金融环境。

二是丰富地方政府债券投资群体，拓宽交通重点领域资金来源。地方政府债券是交通领域重要资金来源，丰富地方政府债券投资群体对于拓宽交通领域融资渠道具有重要意义。鼓励和引导商业银行、社会保险基金等机构投资者和个人投资者参与投资地方政府债券。推动地方政府债券通过商业银行柜台在本地区范围内向个人和中小机构投资者发售，扩大对个人投资者发售量，提高商业银行柜台发售比例。截至2019年9月末，已有北京、广东、青海等12省市通过柜台发行地方政府债券110亿元。

三是加强宏观信贷政策指引，加大交通重点领域金融支持力度。以供给侧结构性改革为主线，加强与产业政策、财政政策、区域发展政策等宏观政策的协调配合，着力引导银行业金融机构优化信贷资源配置，将更多金融资源配置到重大战略、重点领域以及薄弱环节上，增加有效投资、优化经济结构，为经济高质量发展提供有力的金融支持。出台信贷政策指引，加大对城际交通、轨道交通、铁路、物流等重点领域的金融支持。搭建重大项目银企资金对接机制，引导金融机构加强金融服务，按商业化原则依法合规保障交通领域重大项目的合理融资需求。

四是推动金融产品服务创新，提升服务交通强国建设的能力和水平。鼓励银行业金融机构根据PPP项目实际特点，探索符合PPP项目融资需求特征的方式和产品，依法合规提供覆盖PPP项目全生命周期的全方位综合金融服务。贯彻落实中央文件要求，支持金融机构探索合规的"专项债+贷款"融资新模式，对于部分实行企业化经营管理且有经营性收益的重大项目，鼓励和引导银行业金融机构提供配套融资支持，以项目贷款等方式支持符合标准的专项债券项目，依法合规推进专项债券支持的重大交通项目建设。此外，允许项目单位发行公司信用类债券，支持符合标准的专项债券项目。

良好的金融环境是建设交通强国的重要保障。下一阶段，中国人民银行将继续以习近平新时代中国特色社会主义思想为指导，全面贯彻党中央、国务院决策部署，坚持新发展理念，坚持稳中求进工作总基调，坚持金融服务实体经济的根本要求，进一步做好"六稳"工作。稳健的货币政策要松紧适度，保持流动性合理充裕，适时适度实施逆周期调节，引导广义货币（Broad money，简称M2）和社会融资规模增速与名义GDP增速相匹配。加强宏观政策协调配合，疏通货币政策传导，创新货币政策工具和机制，持续引导金融机构增加对重大战略、重点领域和薄弱环节的融资支持。同时，我们也将结合《交通强国建设纲要》，立足自身职责，继续为交通强国建设合理融资需求提供适宜的货币金融环境，加强宏观政策协同配合和有效衔接，积极支持地方政府债券发行工作，进一步引导银行业金融机构按照商业化原则依法依规支持保障交通领域重大项目合理融资需求，加强交通强国建设的资金保障。

奋勇担当交通强国铁路先行历史使命 推动我国铁路实现高质量发展

中国国家铁路集团有限公司　黄民

以习近平同志为核心的党中央高度重视现代综合交通运输体系建设，作出建设交通强国的战略部署，明确提出加强铁路等基础设施网络建设，为加快推进铁路现代化指明了方向。中国国家铁路集团有限公司（以下简称"国铁集团"）积极响应党中央号召，奋勇担当交通强国、铁路先行的历史使命，着力推动铁路事业高质量发展，为促进经济社会持续健康发展作出重要贡献。

一、党的十八大以来铁路改革发展取得巨大成就，铁路在我国综合交通运输体系中的骨干作用显著增强

党的十八大以来，国铁集团坚持以习近平新时代中国特色社会主义思想为指导，深入学习贯彻习近平总书记对铁路工作的重要指示批示精神，按照高质量发展要求，坚持稳中求进工作总基调，聚焦交通强国、铁路先行，深化强基达标、提质增效，统筹推进铁路安全稳定、改革发展各项工作，推动铁路事业实现历史性突破、取得历史性成就。

（一）铁路建设取得丰硕成果

认真贯彻落实党中央、国务院关于铁路建设的决策部署，把做好铁路建设作为重大政治任务，切实承担铁路建设主体责任，按照《中长期铁路网规划》，以中西部地区铁路建设为重点，科学有序、安全优质推进铁路建设，圆满完成各项建设任务。2013—2018 年，全国铁路完成固定资产投资 4.7 万亿

元,其中 2014—2018 年连续 5 年完成固定资产投产 8000 亿元以上,2019 年铁路固定资产投资继续保持在 8000 亿元,是历史上铁路投资规模最大的时期。2013 年以来,全路新增铁路营业里程 3.4 万公里,其中投产高铁 1.99 万公里,"四纵四横"高铁网提前建成运营,形成了世界上最现代化的铁路网和最发达的高铁网。在祖国广袤的大地上,铁路密布、高铁飞驰,香港进入全国高铁网,铁路网已覆盖 98% 的 20 万以上人口城市,高铁网已覆盖 80% 的 100 万人口以上城市。铁路特别是高铁的发展,成为推动经济社会发展的强劲引擎。

(二)运输供给质量大幅提升

坚持以市场为导向,持续深化运输供给侧结构性改革,深入实施货运增量行动、客运提质计划和复兴号品牌战略三大举措,全面增加铁路运输产品有效供给,铁路在综合交通运输中的优势得到充分显现。客运方面,实施高铁强基达标、提质增效工程,推行高铁"一日一图",探索建立市场化票价机制,推进车站畅通工程,深化站车厕所革命,推出刷脸核验、在线选座、扫码进站、电子客票、站车 Wi–Fi、网上订餐等一系列便民利民新举措,铁路客运服务实现重大进步。特别是互联网售票已经成为售票主渠道,过去客流高峰期旅客彻夜排队买票、"黄牛"倒票猖獗的现象已成为历史。2018 年,国家铁路完成旅客发送量 33.2 亿人、较 2012 年增长 76.6%,其中动车组发送旅客 20.1 亿人、较 2012 年增长 296.2%,高铁已经成为广大旅客的首选交通方式。货运方面,制定实施三年货运增量行动方案,推进港口集疏运体系建设,有序承接公转铁运量,全力保障重点物资运输,铁路货运市场份额明显提升。2018 年,国家铁路完成货物发送量 31.9 亿吨、较 2016 年增运 5.39 亿吨,为降低社会物流成本、打好防治污染攻坚战特别是打赢蓝天保卫战发挥了重要作用。

(三)铁路安全保持持续稳定

坚持以确保高铁和旅客安全"万无一失"为工作理念和奋斗目标,持续深化人防、物防、技防"三位一体"安全保障体系建设,扎实开展高铁安全标准示范线和标准化规范化站段建设,推动应急处置体系全面升级,实施铁路外部环境专项治理计划，强化安全履职考评和责任追究，铁路安全管理水平不断提升。在铁路网规模快速扩张、高速铁路集中投产、新技术新装备大量投入运用的情况下，有效控制和防范了各类安全风险，2015年以来，连续4年未发生责任一般A类及以上行车事故，是历史上铁路安全比较稳定的时期之一。中国铁路特别是高铁的安全性得到社会各界和世界铁路同行的充分认可。

（四）铁路技术创新成果丰硕

深入落实创新驱动发展战略，突出抓好铁路应用型技术创新、关键技术攻关和基础理论研究，成功构建了具有完全自主知识产权的高速、普速、重载铁路技术标准体系，铁路总体技术水平迈入世界先进行列，部分领域达到世界领先水平。特别是成功研制了拥有完全自主知识产权、具有世界先进水平的复兴号中国标准动车组，并实现时速350公里商业运营，树立了世界高铁建设运营新标杆，迈出从追赶到领跑的关键一步。

（五）铁路法治化市场化经营水平显著提升

加强党对铁路经营工作的领导，建立党组定期研究经营工作机制，强化对经营管理的过程管控。推行全面预算管理制度，实施盈亏总额和运输支出"双控"管理。完善客货运等清算办法，建立内部公平公开模拟市场。积极推进运输生产力布局优化调整和设备修程修制改革，提升设备运用效率，降低养护维修成本。推进铁路资产资本化股权化证券化，加大股改上市项目推进力度，实施市场化债转股，高铁动车组Wi-Fi（无线局域网）经营权转让等资本运作重点项目落实落地，有效释放了铁路资产溢出效应。

（六）铁路改革取得重大突破

坚持以全路一张网、运输集中统一指挥和保持国家对干线铁路控制力为前提，持续深化铁路改革。在2013年3月实施铁路政企分开、组建中国铁路总公司的基础上，2018年完成所属企业公司制改革，2019年6月中国国家铁路集团有限公司正式挂牌成立。全面确立党组、党委在国铁企业法人治理结构中的法定地位，建立现代企业制度迈出重要步伐。深化三项制度改革，推行所属企业领导人员任期制管理，建立市场化多元化用工机制，分类确定国铁企业工资总额决定机制。深化铁路投融资体制改革，推行铁路分类分层建设，吸引社会资本投资铁路。

（七）铁路"走出去"成绩斐然

立足服务"一带一路"建设，以发展国际铁路物流和推进政府间合作项目为重点，加快铁路"走出去"步伐。成功打造中欧班列国际物流品牌，已覆盖我国 60 个城市和欧洲 16 个国家 53 个城市，累计开行超过 1.7 万列，成为"一带一路"建设重要标志性成果。充分发挥企业层面牵头作用，以把中老铁路建成"一带一路"、中老友谊标志性工程，把雅万高铁打造成为"一带一路"标志性项目为带动，匈塞铁路、中泰铁路和巴基斯坦拉合尔橙线等境外重点项目建设取得重大进展，有力带动了我国铁路技术标准和全产业链实现整体走出去。

（八）铁路助力精准扶贫成效显著

充分发挥铁路行业优势，积极履行社会责任，统筹推进铁路建设、运输和定点扶贫工作。2013 年至 2018 年，14 个集中连片地区完成铁路基建投资 2.42 万亿元，占全国铁路基建投资的 70.6%。推行"铁路＋旅游＋扶贫"等帮扶模式，持续提升公益性"慢火车"服务品质，组织开好贫困地区务工人员专列，推出符合贫困地区物资外运特点的货运产品。2013 年以来累计向定点扶贫县（区）投入 3.07 亿元，帮助 67176 户 27.1 万人脱贫。

（九）铁路党的建设和反腐倡廉工作不断加强

把"两个维护"作为最高政治原则和最根本的政治纪律，教育引导国铁企业干部职工始终在思想上政治上行动上同以习近平同志为核心的党中央保持高度一致，坚决贯彻习近平总书记重要讲话和对铁路工作的重要指示批示精神，全面落实党中央、国务院重大决策部署。精心组织开展"不忘初心、牢记使命"主题教育，督促落实中央对铁路两轮巡视整改和党组三轮内部巡视整改的政治责任，营造风清气正、干事创业的良好政治生态。加强领导班子和人才队伍建设，制定所属企业领导人员管理办法，"百千万人才"工程深入实施。修订完善所属各级企业章程，健全落实党建工作责任制，制定《国铁企业党支部建设工作细则》，深化分领域创先争优，国铁企业党组织的政治功能和组织力持续提升。认真落实主体责任和监督责任，紧盯"关键少数"和重点领域，用好监督执纪"四种形态"，一体推进不敢腐、不能腐、不想腐；坚定不移纠"四风"、树新风，着力解决形式主义突出问题，压减站段和车间班组台账文电数量，严控各类检查评比活动数量和频次，为基层减负取得明显成效。

二、深入贯彻落实习近平新时代中国特色社会主义思想和党中央决策部署，奋勇担当交通强国铁路先行历史使命

按照党中央关于交通强国的战略部署，国铁集团紧密对接国家发展战略，鲜明提出交通强国铁路先行奋斗目标，规划到2020年铁路实现"三个世界领先、三个进一步提升"的发展蓝图。其主要内容是：

（一）铁路网规模和质量达到世界领先

到2020年，基本建成布局合理、覆盖广泛、高效便捷、功能完善、世界上最现代化的铁路网和最发达的高铁网，并与其他交通方式实现有机衔接和深度融合。全国铁路营业里程达到15万公里左右，基本覆盖20万以上人口城市；其中高铁3万公里左右，覆盖80%以上的大城市；中西部（含东北三省）铁路11.2万公里左右，复线率和电气化率分别达到60%和70%。

（二）铁路技术装备和创新能力达到世界领先

到2020年，铁路成套技术标准体系更加先进成熟、科学完善、经济适用，高速铁路、高原铁路、高寒铁路、重载铁路等领域技术世界领先，铁路速度、密度、重量、效率等主要技术指标达到世界领先水平。应用型技术创新力度持续加大，铁路装备智能化水平全面提升，关键技术领域的领跑优势进一步巩固发展。铁路装备制造全产业链持续创新发展，高铁产业成为战略新兴产业和建设制造强国的率先领域。

（三）铁路运输安全和经营管理水平达到世界领先

到2020年，建成科学完备的铁路安全防范治理体系和技术标准体系，运输安全可靠性和运输安全指标领先世界。建成铁路大数据中心，客运12306、货运95306服务平台的品牌建设取得重大突破。建成方便快捷、优质高效的

现代化客货运输服务体系，铁路运输供给质量进一步提升，高铁和铁路物流品牌进一步叫响。建成公开透明、公平合理的铁路客货运输市场化承运人清算体系和制度，灵活可控的市场化运价机制全面建立。建成更加完善的调度指挥、市场营销、服务保障和运营维护体系。铁路运输效率效益主要指标达到世界先进水平，铁路历史性债务化解取得重要进展，国铁企业财务杠杆率得到有效控制。

（四）铁路企业体制机制改革创新水平进一步提升

党对国铁企业的领导全面加强，确保国家对干线铁路控制力，我国铁路的体制优势和行业专业优势得到加强；加快推动公司股份制改造，具有中国特色的国铁现代企业制度和运行机制全面建立，法人治理体系更加完善，国铁资本社会效率效益导向进一步强化，国铁资产资本化股权化证券化和混合所有制改革取得新突破，企业治理水平和经济效益显著提升，国有资产实现保值增值，国铁资本的经营活力、控制力、影响力显著增强。铁路发展成果惠及200万铁路职工，职工收入稳步增长，生产生活条件持续改善。

（五）铁路在综合交通运输体系中的地位和作用进一步提升

贯彻落实中央调整运输结构、增加铁路运输量的部署要求，铁路运能大、运距长、成本低和节能环保等比较优势得到充分发挥，铁路与其他交通方式融合发展取得显著成效，一批系统配套、换乘便捷、智慧高效、立体开发、站城融合的客运综合枢纽优化完善，铁路与公路、水运、航空等多种运输方式实现无缝衔接、优势互补、联程运输，铁路在大宗货物运输、专特运以及多式联运物流体系中的骨干和枢纽作用有效加强，铁路的市场份额进一步提升，对推动绿色交通发展、降低社会物流成本发挥更大作用。

（六）铁路服务国家战略和对经济社会发展的贡献进一步提升

铁路维护国家安全、支撑经济发展、服务人民群众、应对重大考验的能力明显提升，在打好防范化解重大风险、精准脱贫、污染防治三大攻坚战、深化供给侧结构性改革中发挥重要作用，对京津冀协同发展、长江经济带发展、"一带一路"建设的服务保障作用进一步增强。春运、节假日旅客运输保障和服务质量显著提高，国防动员、国土开发、重点物资和抢险救灾物资运输得到有力保证。

在实现以上目标的基础上，经过接续奋斗，力争到2025年，铁路网规模达到17.5万公里左右，其中高铁3.8万公里左右；到2035年，率先建成发达完善的现代化铁路网，基本实现内外互联互通、区际多路畅通、省会高铁连通、地市快速通达、县域基本覆盖，为基本实现社会主义现代化提供强大运输保障，进而使中国铁路成为社会主义现代化强国的重要标志和组成部分。

三、聚焦交通强国、铁路先行，推动我国铁路实现高质量发展

国铁集团将坚持以习近平新时代中国特色社会主义思想为指导，坚持不忘初心、牢记使命，以交通强国、铁路先行的新担当新作为，更好地推动我国铁路实现高质量发展。

（一）把党的政治建设放在首位，坚决维护习近平总书记的核心地位，坚决维护党中央权威和集中统一领导

坚决落实习近平总书记重要指示批示精神和党中央、国务院决策部署，及时抓好传达学习，精心制定落实措施，加大实施推进力度。扎实开展"不忘初心、牢记使命"主题教育，把学习贯彻习近平新时代中国特色社会主义思想持续引向深入，切实增强"四个意识"、坚定"四个自信"、做到"两个维护"。严明党的政治纪律和政治规矩，做到"五个必须"，严防"七个有之"。严肃党内政治生活，培育积极健康的党内政治文化，涵养风清气正、干事创业的良好政治生态。

（二）坚守高铁和旅客列车安全万无一失的政治红线和职业底线，毫不松懈抓好运输安全

牢固树立安全发展理念，夯实全员保安全的职业根基。狠抓高铁和旅客列车安全，推进高铁安全标准示范线建设，充分利用高铁运营十年专项评估成果，构建具有中国特色的高铁安全管理体系。持续推进标准化规范化建设。推动应急处置体系全面升级，整体提升高铁应急处置水平。深化人防物防技防"三位一体"安全保障体系建设，完善落实安全风险管控和隐患排查治理双重预防机制。加强铁路外部环境专项治理，净化铁路运输安全环境，确保

铁路运输安全持续稳定。

（三）坚决落实党中央加强铁路补短板建设和防范金融风险的决策部署，科学有序稳步推进铁路建设

紧密对接国家发展战略，优化调整铁路规划方案，加大重点工程项目组织力度，深化工程质量安全红线管理，精准发力加强铁路补短板建设。高起点高标准高质量做好川藏铁路规划建设工作，确保这项世纪性工程科学扎实推进。贯彻落实"三去一降一补"要求，科学界定并落实国铁干线、区域性铁路和扶贫开发等铁路项目建设投资责任，加大铁路分类分层建设推进力度。开展"十四五"铁路建设规划研究，形成新时代铁路发展战略课题研究成果。

（四）深入实施三大举措，为服务人民群众、降低社会物流成本、打好污染防治攻坚战特别是打赢蓝天保卫战作出新贡献

持续加大西煤东运、北煤南运力度，全力承接港口疏港物资公转铁运量，大力发展多式联运业务，做大做强铁路集装箱、商品汽车和冷链物流产品，扩大铁路货运市场份额，实现2018—2020年铁路货运增量8亿吨目标。积极打造全路市场研发、客票销售和旅客服务三大中心，推动一日一图常态化，开发以复兴号为引领的系列化客运新产品，完善和创新便民利民服务举措，持续改善旅客出行体验。推进复兴号系列化动车组研制，持续扩大复兴号开行规模和覆盖范围，让更多的老百姓能够乘坐复兴号出行。

（五）深入推进法治化市场化经营，提升国铁企业经营质量和效益

落实中央关于全面深化国企改革部署，多层次、多渠道加快推进国铁企业股份制改造。加强国铁现代企业治理结构建设和运行机制建设，推进以经济效益为导向的三项制度改革。推进市场化债转股、重点项目股改上市和上市公司再融资工作。创新土地综合开发，强化土地资产价值管理。拓展产业链新业态，统筹开发站车资源。规范国有资产管理，严控新增风险债权规模。严格落实全面预算管理，强化预算刚性约束。完善客货运承运清算制度。积极推进生产组织、劳动组织和修程修制改革，加强物资、能源和资金运用管理。深化铁路法治建设，规范经营管理行为，维护国铁企业合法权益。

（六）充分发挥铁路行业优势，服务保障国家重大战略

贯彻中央脱贫攻坚战略部署，落实 2018—2020 年铁路建设支持打好精准脱贫攻坚战工作方案，扩大中西部省份复兴号开行范围，提升公益性"慢火车"服务品质，提高运输扶贫保障能力；加大定点扶贫力度，推动产业、就业和消费扶贫，帮助定点扶贫地区确保按期实现脱贫目标。服务"一带一路"建设，以打造中老铁路建设标志性工程和雅万高铁标志性项目为带动，科学有序推进境外重点项目建设；不断提升中欧班列开行质量，为扩大我与沿线国家经贸往来提供高品质物流服务。落实国家创新驱动发展战略，持续深化智能高铁等引领性关键核心技术攻关和基础理论研究，着力打造新一代高速动车组平台；以川藏铁路规划建设等重大项目需求为引领，突出抓好铁路应用型技术创新，加快筹建国家川藏铁路技术创新中心；推进铁路信息系统网络安全一体化示范工程，加快推进人工智能和铁路业务深度融合。

（七）落实全面从严治党政治责任，营造风清气正、干事创业的政治生态

加强领导班子和干部人才队伍建设，构建素质培养、知事识人、选拔任用、从严管理、正向激励五大体系，深入实施"百千万人才"工程。加强组织体系建设，修订完善所属各级企业章程，完善公司制企业党委会工作，充分发挥国铁企业党组织把方向、管大局、保落实的领导作用。健全落实党建工作责任制，推动国铁企业党建工作全面加强。适应纪检监察派驻制改革要求，层层压实各级党组织党风廉政建设主体责任和纪检监察组织的监督执纪责任，健全完善国铁集团内部党风廉政建设机构和制度。充分发挥巡视巡察、审计监督、财务监督、专业监督监管等职能作用，形成内外联动、合力共为的反腐倡廉机制，一体推进不敢腐、不能腐、不想腐。落实意识形态工作责任制，确保党的主张成为铁路舆论场的最强音。组织开展庆祝新中国成立 70 周年系列活动。深化铁路文化建设，积极培育新时代川藏铁路精神，打造京张高铁文化品牌。深入推动媒体融合发展，加强铁路新闻宣传，做好舆情引导工作。

坚持人民邮政为人民
奋力书写现代化邮政强国新篇章

国家邮政局　马军胜

邮政业是综合交通运输体系的重要组成部分，邮政强国是交通强国的重要标志。邮政业落实交通强国战略部署，就是要坚持人民邮政为人民，以深化邮政业供给侧结构性改革为主线，以创新为第一动力，推动行业发展质量变革、效率变革和动力变革，建立现代化邮政业供给体系、生态体系和治理体系，充分发挥邮政业基础性先导性作用，建成人民满意、保障有力、世界前列的邮政强国，为交通强国建设提供重要动力和有力支撑。

一、奋力书写现代化邮政强国新篇章，是新时代赋予邮政业的光荣使命

邮政业是国家重要的社会公用事业，是助力生产发展、推动流通方式转型、促进消费升级的现代化先导性产业。邮政体系是国家战略性基础设施和社会组织系统之一，为国脉所系、发展所需、民生所依。在新时代，把握规律，增强自觉，引领潮流，奋力书写现代化邮政强国新篇章，是邮政业肩负的光荣使命，是邮政业站在新的历史起点上的战略选择，对于巩固上层建筑、夯实经济基础、增进民生福祉、服务开放大局具有重要意义。

奋力书写现代化邮政强国新篇章，是巩固国家政权基础的重要保障。邮政承担着传达政令、广播政声、维护政权的重要职责。党的十九大把坚持党对一切工作的领导作为新时代坚持和发展中国特色社会主义基本方略的首要

内容，这就要求邮政系统将通政职能摆在更加突出的位置，贯彻总体国家安全观，以更加自觉的政治责任感和使命感，确保党报党刊高效传递、确保机要通信万无一失、确保寄递渠道安全畅通、确保邮政功能有效发挥。

奋力书写现代化邮政强国新篇章，是建设现代化经济体系的重要支撑。党的十九大作出建设现代化经济体系的重大部署，邮政业融合信息交流、物品递送、资金融通、文化传播等功能，贯通一二三产业，服务生产流通消费，亟须在畅通经济循环、创新驱动发展、培育增长动能、促进均衡发展、推进绿色开放等方面发挥更大作用，助力我国经济持续增长和新一轮经济腾飞。

奋力书写现代化邮政强国新篇章，是满足人民日益增长的美好生活需要的重要途径。人民邮政为人民是行业的初心和使命。邮政业关系国计民生，服务广大商家和亿万群众。进入高质量发展阶段，人民需要更多样的产品、更优质的服务、更丰富的功能、更绿色的方式，这就要求邮政业坚持以人民为中心的发展思想，进一步提高服务品质，提升服务体验，促进发展成果更平衡更充分地惠及全体人民和广大用户。

奋力书写现代化邮政强国新篇章，是服务国家开放大局的重要举措。党的十九大指出，中国将继续发挥负责任大国作用，积极参与全球治理体系改革和建设，贡献中国智慧和力量。邮政业在构建全球供应链、推动技术共享、促进资金人才流动、创新业态模式等方面必须当好先行，积极参与"一带一路"建设和开放型经济体系建设，服务社会主义现代化进程，助力全球供应链、产业链、价值链的融合与创新发展。

二、奋力书写现代化邮政强国新篇章，是实现行业高质量发展的必然要求

党的十八大以来，邮政业在以习近平同志为核心的党中央的坚强领导下，按照"五位一体"总体布局和"四个全面"战略布局，坚持稳中求进工作总基调，坚持以新发展理念引领新常态，坚持以供给侧结构性改革为主线，坚持以人民为中心的发展思想，紧紧围绕全面建成与小康社会相适应的现代邮政业目标，明确"五个邮政""三向三上""'1+1'到'1+3'""打通上下游、拓展产业链、画大同心圆、构建生态圈"等一系列行业重大发展战略和

政策措施，改革攻坚"四梁八柱"基本确立，治理体系和治理能力现代化进程不断加快，实现了邮政大国的历史性跨越。

2018年，邮政业业务总量首次突破万亿元大关。邮政业业务收入达7904.7亿元，占GDP比重接近0.9%，占全球邮政业1/6。快递业务量突破500亿件，连续5年稳居世界第一。全国邮政普遍服务营业网点达到5.4万处，建制村直接通邮率超过98.9%，全国24个省份实现全部建制村直接通邮。快递服务营业网点达21万处，全国乡镇快递网点覆盖率超过92%。国有经济不断巩固，中国邮政集团公司位列世界500强113位，排名全球同行第2名。民营经济蓬勃发展，已有7家快递企业上市，已形成1家年营业收入超千亿元、5家超500亿元的企业集群。全行业拥有汽车32.2万辆，快递专用货机116架，快递物流园区超过300个，智能快件箱超过27万组，城市公共快递服务站和农村公共取送点分别达到7.1万个和6.7万个。几十万平凡朴实的邮递员们默默奉献，为农村和边远地区人民群众送去温暖和希望，做出了极不平凡的贡献。数百万"快递小哥"像勤劳的小蜜蜂一样，风雨无阻地为人民群众的生活带来便利。全行业年均服务超过1000亿人次，年支撑网上零售额6.9万亿元，年支撑跨境电子商务贸易超过3500亿元，在经济社会发展中的作用不断增强，为稳增长、促改革、调结构、惠民生、防风险做出了积极贡献。

当前，我国邮政业发展进入了高质量发展阶段。与实现邮政业更高质量、更有效率、更加普惠、更可持续发展的要求相比，与世界邮政强国相比，我国邮政业还存在一定差距。整体来看，我国邮政业城乡区域发展仍然不够平衡，在畅通经济循环方面的作用发挥还不充分，邮政普遍服务发展与人民期待还有差距，行业中高端供给不足，国际服务体系短板突出，绿色、安全发展水平还有很大提升空间，市场主体综合实力还有不小差距，参与全球邮政业治理的能力还有待提升。

展望未来，世界经济缓慢复苏，保护主义和单边主义抬头，将给跨境电商和寄递业务带来不确定性和挑战，也将倒逼跨境寄递通道平台的创新。新一轮科技革命和产业变革孕育兴起，云计算、大数据、物联网、移动互联网和人工智能将为邮政业创新发展打开新空间，全方位、全产业、全领域的智慧邮政时代将加快到来。新能源、可再生能源成为后石油时代的必然选择，邮政业节能减排，履行环境保护责任，走可持续发展道路势在必行。我国开启社会主义现代化强国新征程，加快推进交通强国、制造强国、贸易强国等一系列强国建设，共建"一带一路"，实施创新驱动发展、区域协调发展等战略，邮政业将由大规模扩张向高质量发展转型，由传统要素驱动向创新驱动转型，实现更高质量、更有效率、更加普惠、更可持续发展。

三、奋力书写现代化邮政强国新篇章，为交通强国建设贡献力量

《交通强国建设纲要》明确了建设交通强国的战略目标和主要任务。在基础设施、运输服务、绿色发展和治理体系等方面，提出了加强农村邮政等基础设施建设、打造具有全球竞争力的邮政快递核心枢纽、建立通达全球的寄递服务体系、加快快递扩容增效和数字化转型等多项任务。要在交通强国建设的统筹引领下，明确并深入贯彻落实邮政强国建设的战略目标和主要任务。

在形成与小康社会相适应的邮政业新格局基础上，邮政强国建设将分"两步走"实现：第一步，到2035年，基本建成邮政强国；第二步，到本世纪中叶，全面建成人民满意、保障有力、世界前列的邮政强国。推进邮政强国建设，主要路径是推进供给、生态和治理"三大体系"建设。服务供给体系对应高质量发展要求，是邮政业适应主要矛盾转化的必然选择。产业生态体系对应可持续发展要求，是邮政业自身供给与外部环境发展到一定阶段的必然形态。行业治理体系对应现代化要求，是供给和生态体系发展到一定阶段对行业治理的必然要求。"三大体系"遵循生产流通消费的大逻辑，立足经济社会发展的大视野，贯彻治理体系现代化的大部署，相辅相成，缺一不可。

建设高质量服务供给体系。加强与综合交通运输体系的协同发展。要构建综合立体、通达全球、智能高效、安全便捷的服务网络体系，拓展航空寄递网络，构建铁路寄递骨干网络，升级优化公路寄递网络，积极利用水路运输资源，推动"空铁公水"邮件快件运输网络高效衔接，大力发展多式联运，完善寄递网络体系，强化网络数字化融合和集约共享。

打造可持续产业生态体系。拓宽"寄递+"领域，发挥行业网络和平台

优势，更好服务和惠及民生，深层次参与产业分工。加快科技创新步伐，形成政产学研用紧密结合的科研体系，加快产业数字化转型。推动建设绿色邮政，加快运输组织调整，推广新能源和清洁能源车辆，降低运输能耗和排放。

完善现代化行业治理体系。提升政府治理能力，加强规范制度建设，加强监管能力建设，完善邮政行业管理体制。推进治理协同创新，加强与交通运输等部门联动，构建齐抓共管、协同高效的寄递市场监管机制。

邮政行业广大干部职工将在习近平新时代中国特色社会主义思想指导下，以《交通强国建设纲要》为引领，坚持"人民邮政为人民"，把"满足社会需要，提供优质服务，创造守护美好生活"的责任扛在肩上，以永不懈怠的精神状态和一往无前的奋斗姿态，锐意进取、埋头苦干，为全面建成与小康社会相适应的现代邮政业、全面建设现代化邮政强国而努力奋斗！

构建交通运输对外开放新格局

交通运输部　戴东昌

交通运输行业是我国最早对外开放的行业之一。新中国成立不久，我国与苏联签署了《中苏国境河流航行及建设协定》，开启了与周边国家的互联互通建设史；1951年，我国与波兰成立了新中国第一家中外合资企业——中波轮船公司。1979年，我部驻港企业在深圳创办蛇口工业区，在全国改革开放的棋盘上先行一步。共建"一带一路"倡议提出以来，交通运输行业努力发挥先行引领作用，推动蒙内铁路、汉班托塔港等一批互联互通重大项目落地。回首新中国成立以来的70年，交通运输行业始终走在对外开放前列，探索走出了一条具有中国特色的交通运输发展道路，为加快构建全方位开放新格局、提升国家竞争力提供了重要保障。

一、深刻认识交通运输行业对外开放面临的新形势

习近平总书记在党的十九大报告中强调"开放带来进步，封闭必然落后。中国开放的大门不会关闭，只会越开越大"，要求"以'一带一路'建设为重点，坚持引进来和走出去并重，遵循共商共建共享原则，加强创新能力开放合作，形成陆海内外联动、东西双向互济的开放格局"，作出了"推动形成全面开放新格局"的重大战略部署。

习近平总书记高度重视交通运输在推动形成全面开放新格局中的重要作用。他指出，面对新形势，我们应该加快完善基础设施建设，打造全方位互联互通格局。互联互通是一条脚下之路，无论是公路、铁路、航路还是网路，路通到哪里，我们的合作就在哪里。他进一步指出，交通设施互联互通是区

域合作的优先领域和重要基础。习近平总书记的重要论述，充分肯定了交通运输在推动形成全面开放新格局中的定位，为新时代交通运输开放发展指明了前进方向。

从外部环境看，当今世界正处于百年未有之大变局，中国正前所未有地走近世界舞台中央，国际地位和国际话语权持续提升。与此同时，全球经济增长动能不足，贸易保护主义和逆全球化思潮抬头，世界面临的不稳定性不确定性突出。从内部发展看，交通运输经济运行总体平稳、稳中有进，但稳中有忧，面临不少新情况新问题。交通运输对外开放面临的国内外形势正在发生深刻复杂变化，机遇前所未有，挑战前所未有，机遇大于挑战。交通运输必须进一步对外开放，构建对外开放新格局，才能够适应中国改革开放的需要，满足交通强国建设的要求。

（一）构建交通运输对外开放新格局是服务中国特色大国外交、推动构建新型国际关系的需要

交通运输对外工作作为国家总体外交的组成部分，必须坚持服从服务于中央和国家对外工作大局。党的十八大以来，在以习近平同志为核心的党中央领导下，我国走出了一条中国特色大国外交之路。交通运输行业紧紧围绕国家外交大局，积极参与行业全球治理，深化区域合作与双边合作，努力在共建"一带一路"中发挥先行作用，取得了丰硕成果，丰富了中国特色大国外交的实践和成果。

随着中国特色社会主义进入新时代，中国特色大国外交也开启了新征程。习近平总书记在十九大报告中明确指出，中国特色大国外交就是要推动构建新型国际关系，推动构建人类命运共同体。构建新型国际关系的内涵丰富而深刻，包括构建总体稳定、均衡发展的大国关系框架，按照亲诚惠容理念和与邻为善、以邻为伴的周边外交方针深化同周边国家关系，秉承正确义利观和真实亲诚理念加强同发展中国家团结合作等。交通运输行业应当坚持在推动构建新型国家关系的新形势下构建新格局，大力推进对外开放和交往，更好服务中国特色外交大局。

（二）构建交通运输对外开放新格局是高质量共建"一带一路"、推动构建人类命运共同体的需要

"一带一路"倡议是新时代我国对外开放和经济外交的顶层设计，是推动构建人类命运共同体的重要实践平台。习近平总书记指出，共建"一带一路"，关键是互联互通。"一带一路"倡议提出6年来，交通运输行业认真学习贯彻习近平总书记关于共建"一带一路"的重要论述和中央有关决策部署，推动"一带一路"交通互联互通实现重大突破，在铁路、公路、水运、民航、邮政等领域均取得重要进展，"六廊六路多国多港"互联互通架构基本形成，但也面临海外交通基础设施项目风险高、融资难、推进慢等挑战。

目前，共建"一带一路"正在向高质量发展的新阶段转变。习近平总书记指出，要以基础设施互联互通等重大项目建设和产能合作为重点，推动"一带一路"建设高质量发展，并进一步指出，高质量共建"一带一路"应当坚持共商、共建、共享原则，遵循开放、绿色、廉洁理念，追求高标准、惠民生、可持续目标。交通运输行业要加快构建对外开放新格局，积极推动"一带一路"走深走实、高质量发展。

（三）构建交通运输对外开放新格局是我国统筹国内国际两个大局的需要

党的十九大以来，我国开放的大门越开越大，外资市场准入进一步放宽，自贸试验区高水平开放加快推进，全面开放新格局正在加速形成。交通运输部贯彻落实党中央、国务院决策部署，牵头、参与了自由贸易试验区试点任务，大幅缩减交通运输领域审批事项，进一步降低从业门槛，全面对外开放国际海运业及其辅助业，将交通运输对外开放提高到了新的水平。

习近平总书记在第二届"一带一路"国际合作高峰论坛开幕式上宣布，中国将采取一系列重大改革开放举措，促进更高水平对外开放，包括更广领域扩大外资市场准入，继续大幅缩减负面清单，新布局一批自由贸易试验区，加快探索建设自由贸易港，等等。交通运输行业要紧紧围绕党中央、国务院关于促进更高水平对外开放的决策部署，进一步扩大对外开放水平，加快构建交通运输对外开放新格局。

二、准确把握交通运输行业对外开放的新要求

（一）坚持以习近平外交思想为统领，更好对接服务国家总体外交大局

习近平总书记对新时代中国特色社会主义外交思想做出深刻阐述和精辟概括，提出了"十个坚持"，包括坚持以共商共建共享为原则推动"一带一路"建设、坚持以深化外交布局为依托打造全球伙伴关系、坚持以公平正义为理念引领全球治理体系改革等，为新时代交通运输对外工作指明了前进方向。交通运输部必须坚决贯彻习近平外交思想，坚定不移用"十个坚持"指引交通运输对外工作，统筹做好多双边和区域开放合作，主动在构建新型国际关系、构建人类命运共同体的新征程中担当使命、积极作为，更好服务中国特色外交大局。

（二）坚持以人民利益为根本出发点，更好服务交通强国建设和经济社会发展

坚持人民交通为人民，努力建设人民满意交通，是交通运输行业始终不渝的初心。交通运输对外开放必须紧紧围绕这个初心，以人民利益为根本出发点和落脚点，通过构建对外开放新格局来推动交通运输高质量发展，服务交通强国建设，建设人民满意交通。在开放空间上，要优化区域开放布局，加大西部等欠发达地区的交通运输开放力度，深化其与周边国家的互联互通合作，进一步推动当地经济社会发展，提高人民生活水平。在开放举措上，要从人民群众需求出发，同步推进交通基础设施"硬联通"和政策规则标准"软联通"，加快实施自由贸易试验区方案，不断提升与其他国家的运输与贸易便利化水平，为人民群众便捷出行和对外贸易健康发展提供更好的服务。

（三）坚持统筹国内国际两个大局，更好实现更高水平对外开放

习近平总书记强调，推动形成全面开放新格局，要坚持引进来和走出去并重。构建交通运输对外开放新格局，也必须坚持双向开放，把引进来和走出去更好结合起来，统筹好国际国内两个市场、两种资源、两类规则。在引进来方面，根据交通强国建设需要，注重吸收世界交通强国的先进技术、管理经验为我所用，打造一流设施、一流技术、一流管理、一流服务。在走出

去方面,坚持共建"一带一路"与走出去相结合,引导并支持交通运输企业扩大对共建"一带一路"国家投资,通过项目建设带动中国交通运输装备、技术、标准、服务更好地走出去,为世界发展提供中国方案、贡献中国智慧。

三、全力落实交通运输对外开放新格局的新任务

《交通强国建设纲要》指出,开放合作面向全球、互利共赢,并提出了三个方面的重点任务:一是构建互联互通、面向全球的交通网络;二是加大对外开放力度;三是深化交通国际合作。具体而言,构建交通运输对外开放新格局,主要任务是:

(一) 共建"一带一路",构建互联互通、面向全球的交通网络

一是坚持共商共建共享原则,贯彻开放、绿色、廉洁理念,加强海外交通基础设施项目重大风险防控,保障在建项目顺利推进,推动已建成项目发挥作用,提升当地民众的认同感和获得感,努力实现高标准、惠民生、可持续目标,为高质量共建"一带一路"当好先行。二是围绕"六廊六路多国多港"总体布局,以丝绸之路经济带六大国际经济合作走廊为主体,聚焦重点地区、重点国家和重点项目,推进与周边国家铁路、公路、航道、油气管道等基础设施互联互通。三是推进"21世纪海上丝绸之路"建设,拓展国际航运物流,优化全球物流网络,深化海运和港口对外开放,建设世界一流的国际航运中心,维护国际海运重要通道的安全畅通。四是推动综合交通互联互通网络建设,推进跨境道路运输便利化,发展铁路国际班列,提高海运、民航的全球连接度,大力发展航空物流枢纽,构建国际寄递物流供应链体系,统筹推进各运输领域高质量共建"一带一路"。

(二) 加大对外开放力度

一是全面落实准入前国民待遇加负面清单管理制度,吸引外资进入交通领域。二是协同推进自贸试验区、自由贸易港建设,形成一批可复制、可推广的经验,进一步释放市场活力。三是依托共建"一带一路"平台,推动国内交通企业更好走出去。鼓励企业积极参与"一带一路"沿线交通基础设施建设和国际运输市场合作,推动其从工程承包向资本输出、技术输出、管理

输入、标准输出转变，打造一批具有全球竞争力的世界一流交通企业。

（三）深化交通国际合作

一是根据构建新型国家关系需要和交通运输行业发展需求，深化与各国的交通合作，完善双边和区域合作平台，提升国际合作的深度与广度，形成国家、社会、企业多层次的合作渠道。二是深入参与行业全球治理，积极推动全球交通治理体系建设与变革，深度参与国际海事组织等交通国际组织事务框架下规则、标准制修订，办好第二届联合国全球可持续交通大会，向全球展示中国交通可持续发展成就，提升我交通运输行业在全球范围影响力。三是拓展国际合作平台，积极打造新平台，吸引重要交通国际组织来华落驻，为全球交通提供更加丰富多彩的公共产品，贡献中国智慧。

构建交通运输对外开放新格局，意义重大，任务艰巨。我们要坚持以习近平新时代中国特色社会主义思想为指导，推动交通运输行业更深层次、更高水平的对外开放，以开放的主动赢得发展的主动和国际竞争的主动，为推进交通强国建设、推动形成全面开放新格局贡献力量。

奋力谱写运输服务高质量发展新篇章

交通运输部　刘小明

党的十九大作出了建设交通强国的重大决策部署，这是以习近平同志为核心的党中央立足国情、着眼全局，对交通运输发展阶段特征和规律的深刻把握，是新时代赋予交通人的崇高使命。近日，中共中央、国务院印发《交通强国建设纲要》（以下简称《纲要》），提出到2035年基本建成交通强国，到本世纪中叶全面建成"人民满意、保障有力、世界前列"的交通强国的奋斗目标，描绘了新时代交通运输发展的宏伟蓝图，开启了我国交通运输发展的新征程，为新时代运输服务发展指明了方向。全国交通运输系统将深入贯彻落实习近平总书记关于交通运输工作的重要指示精神，聚焦交通强国奋斗目标，齐心协力、攻坚克难，奋力谱写运输服务高质量发展新篇章。

一、党的十八大以来我国运输服务发展取得重大成就

改革开放以来，特别是党的十八大以来，在党中央、国务院的坚强领导下，我国交通运输发展取得了举世瞩目的重大成就。随着交通运输基础设施网络的日益完善，运输服务也发生了历史巨变，实现了从改革开放之初的"瓶颈制约"到20世纪末的"初步缓解"，再到目前"基本适应"的历史性跨越，为支撑经济社会发展、服务人民群众出行提供了重要保障。

（一）运输规模世界前列

2018年，全社会年客、货运输量分别为179亿人和506亿吨。2018年底，全国拥有铁路客车7.2万辆，其中动车组2.6万辆，铁路货车83.0万辆，国家铁路年客、货发送量33.2亿人、31.9亿吨。全国拥有公路营运载客、载货

汽车分别为 80 万辆、1355 万辆，年客货运量分别为 136.7 亿人、395.7 亿吨。全国拥有 96 万船舶客位，水路年客、货运量 2.8 亿人、70.3 亿吨。全国境内民用航空（颁证）机场 235 个，年旅客、货邮吞吐量 12.6 亿人、1674.0 万吨。2019 年春运，全国共运送旅客 29.8 亿人次。全国 35 个城市开通运营轨道交通线路约 5000 公里，年客运量达 200 余亿人，位居世界第一。全国公共汽电车 67 万辆，年客运量 697 亿人，出租汽车 140 万辆，年客运量 352 亿人。快递业务量完成 507 亿件，居世界首位。海上运输承担了全国 90% 左右的外贸货物运输量，国际海运量占全球运量的三分之一，全国港口货物吞吐量 143.5 亿吨，港口和集装箱吞吐量连续 16 年位居世界第一。

（二）服务质量提档升级

持续推进铁路提速增效，"复兴号"动车组运营速度达 350 公里/小时，电子客票、互联网售票、"刷脸进站"、手机支付等人性化举措加快实施，旅客出行体验不断改善。加快推进铁路车站与城市轨道交通安检互认，减少旅客重复安检。全国建制村通客车率达 97%，基本解决了 5 亿多农民的出行问题，农民朋友"出门就有水泥路、抬脚就上公交车"的梦想基本实现。全国 53 万个建制村实现了直接通邮，建制村直接通邮率达到 96.7%。城市公交运行速度、准点率、覆盖面不断提升，服务保障民生能力不断增强，200 余个地级以上城市实现交通一卡通互联互通。邮轮运输快速增长，成为世界第二大邮轮客源市场。民航系统积极开展服务质量体系建设行动，推进无纸化便捷出行等便民举措，航班正常率达到 80.13%。快递行业迅猛发展，"当日达""次日达"等产品不断丰富。旅客联程运输、货物多式联运、公路甩挂运输、无车承运等先进运输组织模式快速发展，综合运输服务能力进一步提升。春运服务质量持续改善，第三方调查旅客服务满意度达到 78%。

（三）新兴业态竞相迸发

网络预约出租汽车、汽车分时租赁、共享单车等运输服务新模式、新业态快速发展，较好满足了人民群众多样化、个性化的出行需求。交通运输部联合有关部门制定发布《网络预约出租汽车经营服务管理暂行办法》《关于鼓励和规范互联网租赁自行车发展的指导意见》等系列政策文件，并会同 12 个部门建立了交通运输新业态部际联席会议制度,形成部门监管合力。新业态政策落地速度不断加快,省级网约车实施意见基本出台,超七成地级及以上城市出台实施细则,110多家网约车平台公司获得经营许可,有效促进了运输服务新业态规范有序发展。

(四)技术装备加速升级

高速铁路、重载铁路技术加快发展,高铁成为"中国制造"的亮丽名片。大型客机C919、大型水陆两栖飞机AG600成功首飞,支线客机ARJ21载客运营。自动驾驶技术快速发展,新能源车辆在城市客运等领域加快应用,"北斗"导航系统即将组网完毕正式服役。港口机械装备制造技术等达到世界领先水平。冷藏集装箱、商品车运输车,以及冷链物流、高级客车、厢式货车、多式联运专用载运工具等新装备加快应用。重点营运车辆联网联控系统应用成效显著,70余万辆"两客一危"车辆实现动态监管。

(五)国际运输蓬勃发展

依托国家便利运输委员会机制,推进我国与19个"一带一路"沿线国家签署了22个双多边政府间国际道路运输协定,其中多个成为中外领导人会晤成果。组织开展了中俄国际道路运输试运行、中越直达运输示范运行、大湄公河次区域和中塔乌国际道路运输试运行活动,正式启动了中蒙俄沿亚洲公路网国际道路运输,进一步畅通了新亚欧大陆桥、中国—中南半岛、中国—中亚—西亚、中蒙俄国际道路运输走廊。推进《1975年国际公路运输公约》(TIR公约)在我国全面实施。中欧班列快速发展,开行数量和运行质量稳步提升。截至2018年底,中欧班列已累计开行超过1.3万列,联通国内59个城市与欧洲15个国家49个城市,国内运行线路达65条,形成"定制班列""公共班列""散发班列"等多样化的服务产品,有力促进了"一带一路"沿线国家经贸往来和内陆地区产业集聚。

(六)治理能力显著提升

基本形成了以《中华人民共和国铁路法》《中华人民共和国公路法》《中华人民共和国民用航空法》《中华人民共和国港口法》《中华人民共和国航道法》《中华人民共和国邮政法》为龙头,《中华人民共和国道路运输条例》等行政法规为支撑，层次清晰、协调统一的交通运输法规体系。基本形成了以"综合交通运输"为轴心、"铁路、公路、水运、民航、邮政"等领域为支点的行业标准体系。综合交通运输管理体制机制改革加快推进，成效显著。形成以"十三五"现代综合交通运输体系发展规划为统领，由铁路、民航、邮政等子规划和公路、水运、综合运输服务等16个专项规划组成的综合交通运输规划体系。

二、充分认识新时代运输服务高质量发展的重要意义

运输服务是交通运输改革发展的出发点和落脚点。推进运输服务高质量发展，是建设交通强国的应有之义，是新时代全国交通运输系统的重要历史使命，意义十分重大。

（一）加快推进运输服务高质量发展，是满足人民群众美好生活需要的迫切要求

交通运输是重要的民生领域。《纲要》在发展目标中专门强调，让人民享有美好交通服务。目前，我国人均国内生产总值已接近一万美元，进入中等收入国家行列，人民群众对运输服务的需求也发生了结构性变化。在满足"走得了、运得出"的基本需求后，更加关注安全畅通、便捷舒适、经济高效等高端需求，同时对个性化、多样化、品质化、高效率的需求日趋强烈。当前，我国综合运输服务质量与人民群众的要求仍有较大差距，基础设施服务功能不完善，不同运输方式之间换乘衔接不畅，城乡客运基本公共服务水平不高，智能化与个性化服务能力不强等问题还比较突出。加快推进运输服务高质量发展，持续提升运输服务的能力、效率和品质，是适应我国社会主要矛盾变化的必然选择，也是坚持以人民为中心发展思想、满足人民群众日益增长美好生活需要的客观要求。

（二）加快推进运输服务高质量发展，是推动现代化经济体系建设的内在需要

《纲要》在开篇序言中明确指出"建设交通强国是建设现代化经济体系的先行领域"。运输服务一头连着生产，一头连着消费，是实体经济的重要一

环，是现代化经济体系的重要支撑，是提升国民经济竞争力的关键环节。与发达国家相比，我国社会物流成本整体偏高，物流运行效率较低，已成为制约实体经济活力的重要因素。随着我国经济进入高质量发展新阶段，经济结构和产业结构加速调整，生产制造和商贸流通企业对降本增效、安全准时等需求更为迫切，对多业联动与跨界融合的诉求日趋强烈。当前，中美经贸摩擦、地缘政治风险等不确定性因素叠加，国民经济发展面临下行压力。加快推进运输服务高质量发展，为企业提供低成本、高效率、多样化、专业化的物流服务，有利于深化供给侧结构性改革，提高供给体系质量和效率，促进实体经济平稳快速发展；有利于打造现代供应链体系，培育经济发展新动能，更好支撑现代化经济体系建设。

（三）加快推进运输服务高质量发展，是打造全面开放新格局的重要支撑

《纲要》围绕服务支撑全面开放新格局，专门将"构建互联互通、面向全球的交通网络"作为单独一节进行了部署，并提出要"加大对外开放力度，深化交通国际合作"。推动形成全面开放新格局，必须坚持"引进来"和"走出去"并重，促进国内外要素有序流动、资源高效配置、市场深度融合，人流、物流、信息流、资金流高效畅通，有效支撑我国企业向全球价值链高端跃升。为此要依托国际国内综合运输大通道，深化与周边国家基础设施互联互通及便利运输，大力发展江海直达、海铁联运，以及旅客联程运输等高效运输组织模式，推动形成沿海、沿江、沿边全方位对外开放新局面，有效提升我国参与全球产业分工和竞争的能力，积极培育和打造区域对外开放、经济发展新的增长极。

（四）加快推进运输服务高质量发展，是促进区域协调发展的基础保障

十九大报告作出"实施区域协调发展战略"的重要部署。《纲要》提出，"形成区域交通协调发展新格局"，并对构建便捷顺畅的城市（群）交通网络进行了安排。近年来，随着京津冀协同发展、长江经济带发展、粤港澳大湾区发展以及统筹城乡协调发展等重大战略部署的深入实施，区域间生产要素加速流动，产业间资源配置频繁交互，为综合运输服务整体布局和结构优化带来了前所未有的机遇和挑战。新形势下，要求我们着力畅通区际、城际客流和物流大通道，加快建设综合立体交通服务网络，引领空间布局优化、人口和产业集聚以及区域协调发展；同时要加快推进城乡交通运输一体化发展，为密切城乡联系，促进城乡要素交换和商贸便利流通提供基础保障。

三、准确把握新时代运输服务高质量发展的总体要求

《纲要》确定了实现"人民满意、保障有力、世界前列"的总目标，并提出了到2035年基本建成交通强国、到本世纪中叶全面建成交通强国的阶段目标。对标《纲要》确定的奋斗目标，运输服务发展将分阶段同步实现以下目标愿景：

到2035年，基本建成安全、便捷、高效、绿色、经济、开放的综合运输服务体系。基本形成多层次、个性化、均等化的出行服务系统，集约化、高效化、智能化的现代货运物流系统，以及标准化、清洁化、智慧化的运输装备系统；基本建立都市区1小时通勤、城市群2小时通达、全国主要城市3小时覆盖的"全国123交通圈"，以及国内1天送达、周边国家2天送达、全球主要城市3天送达的"全球123快货物流圈"，客运"零距离换乘"和货运"无缝化衔接"水平大幅提高；基本实现综合运输服务与信息技术深度融合、与关联产业密切联动；基本实现运输服务治理体系与治理能力现代化；社会感知度和公众满意度明显提高，运输服务支撑交通强国和现代化经济体系建设能力显著增强。

到本世纪中叶，全面建成安全便捷、优质高效、绿色智能、一体畅联的世界一流综合运输服务体系。高品质、个性化、人性化的出行服务系统全面建立；全链条、一单制、一体化的货运物流服务系统更加成熟；自动化、数字化、智能化的技术装备全面应用，人民群众充分享受"出行即服务"；货运物流与相关产业高度融合，全球物流和供应链体系更加完善；运输服务实现全领域覆盖、全链条协同、全方位治理、全天候服务、全要素集聚，服务质量、创新能力、安全水平、治理能力、文明程度和世界影响力达到国际先进水平，全面服务、有利保障交通强国和社会主义现代化经济体系建设。

蓝图已经绘就，目标已经明确。我们要紧紧围绕交通强国奋斗目标，主动适应新时代运输服务发展形势要求，坚持以高质量发展为统领，以供给侧结构性改革为主线，牢牢把握"5个坚持"，把准方向、找准重点、精准发力，着力推动运输服务发展质量变革、效率变革、动力变革，全面推进综合运输服务向更高水平迈进：

一是要坚持以改革创新为动力。习近平总书记指出，综合交通运输进入了新的发展阶段，在体制机制上、方式方法上、工作措施上都要勇于创新、敢于创新、善于创新。我们要把改革创新作为推动运输服务发展的核心动力，发挥好科技创新、体制机制创新"双轮驱动"作用，以组织模式创新、运输装备创新为重点，带动体制机制、服务和管理等全方位的改革创新，形成创新驱动发展的实践载体、制度安排和环境氛围，努力打造运输服务发展新引擎。

二是要坚持以普惠共享为宗旨。认真贯彻落实习近平总书记关于"四好农村路"等交通运输的重要指示，坚持以人民为中心的发展思想，顺应人民群众对美好生活的向往，加快推进城乡交通运输一体化，着力解决运输服务发展不平衡、不充分问题，不断提高综合运输服务的品质和覆盖面，让运输服务发展成果更多更好地惠及全体民众。

三是要坚持以协同融合为路径。大力推进铁、公、水、航等各种方式资源整合、设施衔接、服务融合，通过设施、服务双向发力，充分发挥各种运输方式比较优势和组合效率，构建规划、建设、运营、管理、服务一体化的综合交通运输体系。依托互联网、大数据等技术，推动运输服务与上下游产业和业态深度融合，促进综合运输服务经济社会效益最大化。

四是要坚持以安全稳定为底线。牢固树立安全第一、生命至上的理念，大力推进以安全稳定为底线的规范化发展，强化安全生产红线意识，落实安全生产主体责任，推进安全生产监管标准化，构建人、车、物高效协同的安全管控体系，提高运输本质安全和系统安全能力。持续加强行业运行监测和风险管控，及时化解矛盾风险，切实维护行业稳定。

五是要坚持以绿色低碳为导向。把绿色发展理念贯穿运输服务提质增效全过程，统筹推进运输服务资源节约集约利用，大力推进以低碳环保为导向的绿色化发展。大力开展绿色出行行动，发展先进运输组织方式，推广高效清洁运输装备，坚定不移走绿色低碳发展之路。

四、全面开启交通强国运输服务高质量发展新征程

当前和今后一段时期，推进运输服务高质量发展，需凝聚各方面的力量和智慧，统筹谋划、开拓创新，着力构建"五大体系"：

（一）加快构建便捷舒适普惠的旅客运输服务体系

一是打造立体化城际出行服务系统。发展以高铁、航空为主体的大容量、高效率的区际快速客运服务。加快完善航空服务网络，大力发展支线航空，推进干支有效衔接，提高航空服务能力和品质。增强铁路快速客运供给服务能力，扩大高速铁路和快速铁路网络覆盖面。推进长途客运接驳运输发展，发展定制化、个性化、品质化的中高端城际客运服务。二是打造便捷化城市出行服务系统。加强城市交通拥堵综合治理，优先发展城市公共交通，鼓励引导绿色出行。提高城市群内轨道交通通勤化水平，推广城际道路客运公交化运行模式。推进无障碍设施建设，实现无障碍设施系统化，提供"门到门"服务。全面改善城市慢行交通体系，营造优质步行骑行空间。三是打造均等化城乡客运服务系统。推进城乡客运服务一体化，提升公共服务均等化水平，保障城乡居民行有所乘。促进城乡客运基础设施、运输服务资源共享和衔接，鼓励城际铁路向郊区延伸，加强与城市公交对接，推进客运班线公交化改造。积极发展镇村公交，鼓励开展预约、定制式等个性化客运服务。完善城乡客运服务安全标准规范。四是打造一体化旅客联程运输系统。积极发展"空铁通""空巴通""空海联运"等联运模式，推动"行李直挂""铁路无轨站""城市候机楼"等专业化联运服务。统一安检标准，推动实现跨运输方式安检互认。鼓励第三方平台打造"出行即服务"联运平台，充分发挥互联网技术优势，整合各种运输方式资源，实现旅客出行"一站购票、无缝衔接、全程服务"。

（二）加快构建经济高效绿色的现代物流服务体系

以调整运输结构为主线，加快发展多式联运，优化物流组织模式，推进

专业物流服务创新，落实减税降费政策，促进物流降本增效，积极打造更具活力和竞争力的现代供应链体系。一是建设更加高效的多式联运服务网络。提升多式联运枢纽服务水平，发展铁水、公铁、空陆等联运形式。加快重点铁路项目建设，提高铁路运输能力和组织效率，优化完善内河水运网络。推广跨方式快速换装转运标准化设施设备，统一多式联运标准和规则。加强单证信息交换共享，推广应用集装箱多式联运电子化统一单证，加快推进"一单制"。二是建设更加智慧的物流信息网络。大力发展"互联网+"高效物流，创新智慧物流营运模式。加快推进交通运输、海关、市场监管等部门间以及运输方式之间信息交换共享，加快建设多式联运公共信息平台，推进业务单证电子化，促进铁路、港口信息共享，为企业提供认证认可、检验检疫、通关查验、违法违章、信用评价等一站式综合信息服务。三是建设更加可靠的专业物流服务网络。完善航空物流网络，提升航空货运效率。加强农产品物流骨干网络和冷链物流体系建设。发展铁路散粮运输、棉花集装箱运输和能源、矿产品重载运输；推进大件货物、危化品等特种物流全程无隙监管，提高电商快递物流通关效率、投递时效与全程跟踪服务能力，鼓励发展定制化物流服务。四是建设更加顺畅的城乡配送服务网络。促进城际干线运输和城市末端配送有机衔接，鼓励发展集约化配送模式。推动城市配送绿色化发展，创新集中配送、共同配送模式，推广应用标准化新能源配送车辆。积极构建农村物流网络节点体系，推广农村物流节点"多站合一"，完善农村配送网络，促进城乡双向流通。五是建设更加开放的国际运输服务网络。围绕服务支撑"一带一路"建设，加快陆海统筹、畅通联动的综合运输通道建设，整合中欧班列运输资源，加快对接国际运输规则，深化国际运输交流合作，优化口岸营商环境和服务效率，推进国际运输便利化发展，为服务企业"走出去"提供更好运输保障。

（三）加快构建跨界融合联动的运输服务供给体系

推动运输服务与农业、旅游业、制造业、商贸流通、金融等产业融合协同发展，构建连接产供销、贯通全产业链的现代运输服务体系，形成多元化、多渠道、多层次运输服务融合发展的新格局。一是推动"运输服务+农业"深度融合。服务全国农产品市场体系建设，配套完善农村物流网络，创新农村物流服务新模式，统筹推进农村客运和农村物流、农村邮政的融合发展。发展农村电子商务，支持与农产品基地、农民专业合作社、农村超市等广泛合作与对接。二是推动"运输服务＋旅游业"深度融合。深化交通运输与旅游融合发展，推动旅游专列、旅游风景道、旅游航道、自驾车房车营地、游艇旅游、低空飞行旅游等发展，完善客运枢纽、高速公路服务区等交通设施旅游服务功能。三是推动"运输服务＋制造业"深度融合。支持物流企业开展服务转型，发展为制造企业定制的供应链一体化服务、全程运输管理等综合解决方案。推动关键技术装备产业化，以先进轨道交通装备、节能与新能源汽车、高技术船舶、标准化运载单元、多式联运设备等为重点，加强运输核心装备设施研发攻关，推动成套装备研发应用，形成全球创新引领能力。四是推动"运输服务＋流通业"深度融合。培育充满活力的通用航空市场，完善政府购买服务政策，稳步扩大短途运输、公益服务、航空消费等市场规模。建立通达全球的寄递服务体系，推动邮政普遍服务升级换代，加快快递扩容增效和数字化转型，壮大供应链服务、冷链快递、即时直递等新业态新模式。积极发展无人机（车）、城市地下物流配送等。五是推动"运输服务＋新技术"深度融合。打造基于移动智能终端技术的即时出行信息服务系统，推进车辆网、无人驾驶等技术应用，加快拓展5G技术在运输服务领域应用的广度和深度。

（四）加快构建稳定可靠的运输服务安全体系

牢固树立红线意识和底线思维，全面加强运输服务各环节、各领域的安全保障能力建设，切实提升交通运输安全保障能力。一是全力提升本质安全水平。建立健全人、车、路、运等各环节的运输安全生产监管责任制，积极推行安全生产权责清单、问题隐患清单和整治责任清单，完善运输服务安全风险防控体系。健全综合运输服务领域安全生产法规和标准规范，完善安全生产责任追究机制。二是全力提升科技安全水平。加快推进从业人员安全能力建设，提升运输安全意识，提升主动安全能力；充分应用车载传感与辅助控制设备，提升安全辅助驾驶水平；加强车辆运行动态监控，加快研发应用基于北斗系统的车路协同技术与装备。三是全力提升安全应急能力。完善运输服务应急预案体系，加强地方应急保障运力储备，提升运输服务应急联动能力。统筹重点节假日、特殊时段不同运输方式旅客运输协同组织,健全大面积航班、高铁延误等预警机制,加强危险品等特殊货类、冰冻雨雪等恶劣气象条件下的应急运输管理,提升应急处置能力。

(五)加快构建高效共治的运输服务治理体系

以推进国家治理体系和治理能力现代化为引领,加快建成政府、市场和社会多维度协同联动的现代治理体系。一是建立科学高效的政府治理体系。深化运输服务领域管理体制机制改革,建立健全适应综合运输一体化发展的体制机制。加快综合交通运输法立法进程,建立健全综合运输服务法规政策体系。深化交通运输行政综合执法改革,完善执法监督管理体系。创新监管方式,加强事中事后监管,构建以"双随机、一公开"监管为基本手段、以重点监管为补充、以信用监管为基础、以数字监管为特征的运输服务新型监管机制。二是建立规范有序的市场治理体系。深化铁路、民航、邮政等国有企业混合所有制改革,提高企业经营活力与竞争力。支持民营运输企业发展,为民营企业做大做强营造良好环境。全面推行企业黑白名单制度,建立健全交通运输服务领域信用体系,推动建立统一开放、竞争有序的现代运输服务市场体系。三是建立多方参与的社会治理体系。健全运输服务领域公共决策机制,构建政府、市场、社会等多方共建共治共享的社会治理格局。鼓励和引导社会组织积极参与社会治理,拓宽公众参与渠道,建立健全公共监管机制。拓展符合新时代特征的宣传途径与手段,倡导先进的综合运输服务文化,营造良好舆论氛围。

构建现代化综合交通体系
为加快建设交通强国提供坚实支撑

交通运输部　王志清

建设交通强国，事关民生福祉增进，事关经济高质量发展，事关国家竞争力提升。习近平总书记指出，综合交通运输进入了新的发展阶段，各种运输方式都要融合发展，加快形成安全、便捷、高效、绿色、经济的综合交通体系。《交通强国建设纲要》（以下简称《纲要》）提出建设"人民满意、保障有力、世界前列"的交通强国，并对构建现代化综合交通体系作出了明确要求。这为交通运输切实发挥好"先行官"作用，奋力加快建设交通强国，全面服务和保障社会主义现代化强国建设明确了重点、指明了方向。

一、深刻理解构建现代化综合交通体系的重大意义

（一）构建现代化综合交通体系是建设人民满意交通的必然要求

"人民满意"作为交通强国的基本内涵之一，体现了人民交通为人民的服务宗旨，同时也宣示着人民对美好生活的向往就是我们的奋斗目标，要坚持以人民为中心的发展思想，始终不渝地努力建设人民满意交通。进入新时代，人民群众追求质量更高、内涵更丰富的美好生活，不仅在规模、速度和品质上对交通发展提出新的要求，在公平、安全、绿色等方面的要求也日益增长，出行模式和流通方式将发生深刻变化。必须加快构建现代化综合交通体系，加强个性化、多样化、便利化、均等化的交通运输服务，更好满足人民群众美好生活需要。

（二）构建现代化综合交通体系是全面建设社会主义现代化国家的内在要求

今后一个时期是我国实现第一个百年目标并向第二个百年目标迈进的关键期。党的十九大报告指出，我国经济已由高速增长阶段转向高质量发展阶段。推动经济高质量发展，就要建设现代化经济体系，这是我国发展的战略目标。交通作为现代化经济体系的有机组成部分，要在各个环节、各个层面、各个领域的社会经济活动中发挥先行引导和基础支撑作用。必须加快构建现代化综合交通体系，提高交通运输网络效率，有效降低生产要素的流动成本，有力促进生产、流通、分配、消费大循环大畅通，为实施国家战略、建设美丽中国、促进社会进步等提供坚强保障。这也是"保障有力"的根本要义所在。

（三）构建现代化综合交通体系是推动我国交通运输进入世界先进行列的客观要求

当今世界正面临百年未有之大变局，全球新一轮科技革命和产业变革方兴未艾，对交通运输发展产生日益深刻的影响，带动了以绿色、智能、泛在为特征的群体性重大技术变革。对比世界先进水平，我国交通运输还存在发展不平衡不充分的突出问题，主要表现在基础设施还有短板、关键技术装备创新能力不足、物流业不够发达、综合运输效率效益不高、交通治理水平还须提升等。必须聚焦"世界前列"的目标要求，加快构建现代化综合交通体系，深化交通供给侧结构性改革，推动我国交通综合实力和国际竞争力进入世界前列。

二、准确把握新时代我国交通运输发展的阶段特征

改革开放以来特别是党的十八大以来，在以习近平同志为核心的党中央坚强领导下，我国交通运输面貌发生了历史性变化，实现了由"总体缓解"向"基本适应"的历史性跨越。《纲要》提出，"推动交通发展由追求速度规模向更加注重质量效益转变，由各种交通方式相对独立发展向更加注重一体化融合发展转变，由依靠传统要素驱动向更加注重创新驱动转变"。这"三个转变"为我国新时代交通运输发展明确了阶段性特征和要求。

（一）由追求速度规模向更加注重质量效益转变

改革开放以来，我国交通经历了一个快速发展时期，用40多年的时间走完了发达国家一两百年才能走完的路。截至2019年年底，全国综合交通网总里程达到538万公里，"五纵五横"综合运输大通道基本贯通，网络规模与能力位居世界前列。铁路、高速公路覆盖97%以上的20万人口城市及地级行政中心，民航服务覆盖全国88.5%的地市、76.5%的县，贯通了所有国家级城市群和主要产业带、都市圈。而随着我国工业化、城镇化水平不断提升，交通运输的品质、效率、效益的问题日益凸显，交通基础设施规模总量虽大但互联互通网络化不够，结构不合理，通达水平和覆盖程度不均衡，设施能力紧张与利用率低的现象并存，部分地区对外和城际通道能力不足，迫切需要发展现代化综合交通体系，深化交通运输供给侧结构性改革，全面提升交通系统供给能力、质量和效率，推动交通供给与需求实现更高水平的动态平衡。

（二）由各种交通方式相对独立发展向更加注重一体化融合发展转变

交通由水运、铁路、公路、航空各自为主发展逐步转向综合交通发展是发达国家交通发展的普遍规律。随着各方式基础设施逐步完善并进入联网贯通的关键阶段，方式间的结构性矛盾也就逐步显现，已转化为矛盾的主要方面，主要表现为各方式协调衔接不畅，综合交通枢纽及其集疏运体系仍需加强，跨地区、跨部门综合交通规划建设运营等统筹协调不够，综合交通治理体系与治理能力亟待完善。构建现代化综合交通体系，把握好综合交通的系统性和整体性，整体规划、精准施策，处理好局部与整体、分散与集中、当前与长远的关系，推动交通一体化融合发展。

（三）由依靠传统要素驱动向更加注重创新驱动转变

长期以来，交通运输行业的快速增长在很大程度是以各类资源要素的大量投入为前提的，而交通发展不平衡、不协调、不可持续的问题正是单纯依靠要素投入、投资拉动、规模扩张的发展方式造成的。未来，我国交通发展面临的资源约束、环境污染、生态恶化等形势将日益突出，依靠传统要素驱动的发展模式难以为继。构建现代化综合交通体系，必须将创新作为交通发展第一动力，不断地通过科技、政策、管理等方面的协同创新，进一步优化配置资源，释放潜能，提高资源利用效率。

三、构建现代化综合交通体系的基本思路

习近平总书记指出，"十三五"是交通运输基础设施发展、服务水平提高和转型发展的黄金时期，要做立体的规划，全部综合起来考虑，要注意加强衔接协调，提高整体效率。这些科学判断明确了我国交通发展已进入了综合交通的新阶段。我们要牢牢抓住这个重要战略机遇期，努力在"统、合、联"上下功夫，加快推进现代化综合交通体系建设。

（一）以"统"谋势，强化顶层设计

一是强化战略统领，以国家重大战略需求统领综合交通运输体系发展，全面部署《纲要》9大重点任务，加快建设交通强国。二是强化规划统筹，科学编制《国家综合立体交通网规划纲要（2021—2050年）》，统筹铁路、公路、水运、民航、管道、邮政等基础设施规划建设，整体设计我国综合立体交通网空间布局和形态。三是实施重大工程，发挥战略性、世纪性工程对交通科技创新、产业升级的巨大牵引作用，为交通运输实现高质量发展加速动能转换。

（二）以"合"聚力，优化资源配置

一是契合需求，把握各种运输方式技术经济特点和发展规律，以更加包容的态度，全面响应各方面、各领域、各行业的发展诉求，寻找工作契合点、利益平衡点，力求最优解。二是融合力量，围绕共同目标，充分调动各方力量、各类资源的积极性，以更加开放的态度，调整既有工作惯性，打破常规工作边界，努力形成相互融合、各施所长、协同推进的工作新局面。三是整合资源，做到盘活存量、做优增量、避免浪费，积极依靠科技、数据等新的生产要素培育新动能。

（三）以"联"促通，提高网络效率

一是强化基础设施的"硬"联通，着力推进国内与国外、区域与区域、城市与乡村等交通基础设施的立体互联，构筑多层级、一体化的综合交通枢纽体系，全面提升交通基础设施的网络化水平和衔接转换效率。二是强化服

务管理的"软"联通，匹配铁路、公路、水运、民航等在运力、班次等方面的协调运用，推进各方式、各环节、各部门之间的信息互联互通、互信互认，以及法律法规、制度政策、标准规范等方面的有效衔接，推动交通与发展改革、自然资源、生态环境、财政等相关部门的政策协同。三是大力提升多式联运水平，推动铁水、公铁、公水、空陆等多式联运发展，充分发挥综合交通运输体系的组合效率和规模效益，推进运输结构调整，降低全社会物流成本。

四、构建现代化综合交通体系的关键突破与重点任务

（一）建设现代化高质量综合立体交通网络

国家综合立体交通网是我国交通基础设施最高层次的空间网络，连接全国主要城市、行政中心、经济中心、主要口岸、重要工业和能源生产基地，承担我国绝大部分的跨区域客货运输任务，满足国家政治、经济、社会、国土、国防等各方面的需求。要以国家发展规划为依据，发挥国土空间规划的指导和约束作用，空间上"多向多极"、方式上"多网融合"，以多中心、网络化为主形态，完善多层次网络布局。在城市群间，着力推进综合运输大通道建设。立足国家主体功能区规划的城市群空间格局，优先满足京津冀、长三角、粤港澳大湾区、成渝地区双城经济圈等重点区域发展需求，加强城市群之间通道资源的综合统筹，加速形成我国综合立体交通网络基本形态。推动既有交通网络和新增交通网络的结构性、衔接性、协调性，进一步优化存量资源配置，扩大优质增量供给，实现立体互联，增强系统弹性，提升综合交通网络的运行能力、供给能力，全面打造综合立体交通网络"升级版"。

（二）构建便捷顺畅的城市群交通网

推动城市群交通网一体化发展，实现城市群内各城市间、各方式间的整合协同、高效衔接。在城市群内，着力构建便捷顺畅的综合交通运输网络。建设以轨道交通和高速公路为骨架、以普通公路为基础，有效衔接大中小城市和城镇的多层次、一体化的快速客货运输网络。加强城市群干线铁路、城际铁路、市域（郊）铁路、城市轨道交通"四网融合"发展。完善城市群快

速公路网络，加强公路与城市道路的衔接。优先发展城市公共交通，缓解交通拥堵，推动城市交通绿色高效发展。

（三）构筑多层级一体化的综合交通枢纽体系

在城市重要节点上，着力打造高效协同的综合交通枢纽系统。加强重要综合交通枢纽建设，打通"最后一公里"，破除"肠梗阻"，全面提升交通基础设施衔接和转换能力，强化集疏运系统建设。推进各方式、各环节间的信息互联互通以及法律法规、制度政策、标准规范等方面的有效衔接。大力发展交通枢纽经济，构建低成本、高效率的枢纽服务网络，提升实体经济发展活力，促进区域协调发展。

（四）提升综合交通运输网络效率

充分发挥综合交通运输体系的组合效率和规模效益，优化运输结构，加快实施铁路运能提升、公路货运治理、水运系统升级、多式联运提速，完善国家物流枢纽网络建设，提高转运衔接能力和货物快速换装的便捷性。加强技术创新和应用，抓住5G应用的机遇，大力推进大数据、物联网、智能化在交通领域的应用，发展"互联网+"高效物流，推进货运车型标准化，推动国家交通运输物流公共信息平台升级完善。强化管理和组织创新，创新企业联盟组织模式和运行机制，完善农村物流网络节点体系和服务功能，完善交通物流信用体系。

（五）完善综合交通治理体系

提升政府治理能力，坚持法治引领，完善综合交通法规体系，推动重点领域法律法规制修订。不断深化铁路、公路、航道、空域管理体制改革，建立健全适应综合交通一体化发展的体制机制。统筹制定交通发展战略、规划和政策，实现"多规合一""多规融合"。优化市场环境，健全市场治理规则，深入推进简政放权，破除区域壁垒，防止市场垄断，完善运输价格形成机制，构建统一开放、竞争有序的现代化交通市场体系，推进建立以信用为基础的新型市场监管机制。扩大社会参与，健全公共政策决策机制，实行依法决策、民主决策、健全公共监督机制等。

把握交通强国铁路篇内涵
推动铁路高质量发展

国家铁路局　于春孝

习近平总书记在党的十九大上庄严宣告,经过长期努力,中国特色社会主义进入了新时代。这个新时代,是承前启后、继往开来、在新的历史条件下继续夺取中国特色社会主义伟大胜利的时代,是决胜全面建成小康社会、进而全面建设社会主义现代化强国的时代。

一、决胜全面建成小康社会要求铁路增强服务保障能力

铁路发展要紧紧围绕全面建成小康社会的各项任务目标,增加有效供给,提升服务水平,保障和改善民生,补齐铁路网络和运输服务短板,有效支撑精准扶贫、精准脱贫,把支持革命老区、民族地区、边疆地区、贫困地区放在更加重要位置。加强铁路对外运输通道建设,提升铁路服务水平和覆盖程度,进一步完善覆盖广泛的运输网络,缩小地区发展差距,推动更大范围、更高水平、更深层次的区域协同合作,实现基本公共服务均等化,为人民群众改善生产生活条件,发挥可靠的铁路运输支撑、产业带动和服务保障作用。

二、我国社会主要矛盾变化要求铁路满足人民日益增长的美好生活需要

铁路发展要紧扣广大人民群众的出行需求和物流发展需要,以安全、快速、便捷为导向,提供个性化、绿色化、人性化的出行服务供给;以经济、

高效、便利为导向,提供标准化、集装化、智能化的优质物流产品。面对新时代新要求,铁路发展不仅要解决自身发展不平衡不充分问题,实现铁路建设运营高质量发展,更要在经济社会发展大局中担当作为,服务国家战略,让人民群众在铁路高质量发展中有更多的获得感、幸福感、安全感。

三、加强生态文明建设要求铁路绿色低碳发展

党的十九大报告指出,坚持人与自然和谐共生,建设生态文明是中华民族永续发展的千年大计。铁路发展必须树立和践行绿水青山就是金山银山的理念,坚持节约资源和保护环境的基本国策。从规划建设、科技创新、运营管理等各方面各环节,都要体现崇尚自然、绿色发展的导向,更加注重发挥铁路占地省、运量大、能耗少、排放低等比较优势。调整运输结构,增加铁路运量,降低用能、物流成本,节约、集约利用资源,推动形成绿色高效交通运输发展方式,为建设美丽中国做出更大贡献。

四、全面深化改革要求铁路强化改革创新

党的十九大要求,建设现代化经济体系,必须把发展经济的着力点放在实体经济上,把提高供给体系质量作为主攻方向,显著增强我国经济质量优势。贯彻落实党中央关于全面深化改革的重大决策部署,要求铁路贯彻新发展理念,主动适应新需求,以新装备新技术为牵引,推进铁路供给侧结构性改革;深化铁路企业和客货运输改革,加快市场化运行机制建设;优化投资环境,拓展多渠道、多层次、多元化的投融资模式,发挥投资对优化供给结构的关键性作用;加强政府监管和服务,推进铁路领域治理能力现代化,推动我国铁路高质量发展。

五、全面开放新格局要求铁路提升国际竞争能力

为推动构建人类命运共同体,我国正在构建以"一带一路"国际合作为重点的全面开放新格局。铁路作为"一带一路"国际合作的重要领域和优先方向,要拓展全球视野,统筹国际国内两个市场,强化与周边国家互联互通,

加快铁路"走出去",打造中国铁路技术、装备、标准、运输等品牌,提升国际影响力和竞争力,推动经济全球化朝着更加开放、包容、普惠、平衡、共赢的方向发展,做全球发展的贡献者。

六、交通强国铁路篇内涵特征

党的十九大作出了建设交通强国的重大决策部署,这是新时代党中央赋予交通运输行业的新使命。在建设交通强国中,铁路应该怎么做?铁路工作的目标是什么?作为综合交通运输体系的主要组成部分,建设铁路强国是建设交通强国的题中应有之义,铁路强国是交通强国的重要组成部分。铁路强国是交通强国的铁路篇,这是党中央交给铁路系统到本世纪中叶的任务、目标。

立足中国特色社会主义进入新时代的大背景,站在历史和时代的高度,从世界铁路发展的历史纵深、当今世界各国铁路发展状况的横向比较、未来铁路发展的趋势方向、我国特有的社会制度优势等维度初步谋划,铁路强国的基本内涵是实现我国铁路现代化,综合实力和全要素居世界前列,为中国特色社会主义现代化强国建设提供有效充分的铁路保障。主要特征体现在以下十个方面:

一是路网发达。结构布局完善、区域覆盖广泛、点线协调配套、多种方式衔接、运用便捷高效,形成内外互联互通、区际多路畅通、省会高铁联通、地市快速通达、县域基本覆盖的发达铁路网,实现通达程度均衡,铁路公共服务均等化,路网规模、质量居世界前列,先导性、基础性、战略性、服务性作用凸显,运输能力满足经济社会发展和人民出行需求,与中国特色社会主义现代化强国相适应。

二是装备先进。机车车辆装备先进适用、列车运行控制系统领先可靠、监控检测保障能力显著提升,新型、智能、现代化机车装备、高速动车组广泛应用,磁浮、空天车地信息一体化安全与控制技术等实现突破,检测、监测、诊断和维修技术装备体系完善,技术装备绿色、智能、高端比例居世界前列。

三是安全可靠。安全理念深入人心、安全基础牢固、安全设备可靠、安全责任到位、治理体系健全、应急响应及时，技防、物防、人防的安全保障体系完备，企业主体责任、政府监管、社会监督的安全管理体系健全，事故防范、防灾减灾和应急救援能力大幅提升，安全形势持续稳定。

四是标准领先。工程建设、装备制造、运营管理等技术标准体系健全完善，核心技术标准体系自主领先，成套建造标准体系、产业制造标准体系、运维服务标准体系、技术标准体系先进适用，科学性、先进性、系统性引领世界，新兴领域占有国际标准制订主导权，国际标准化交流对接常态化。中国铁路标准多语种外文版多层面、多方式宣传和推介。

五是服务优质。供给充足、产品丰富，人悦其行、物优其流，客运满足人性化、个性化、高端化需求，出行便捷性、温馨感、舒适度大幅提高，货运满足经济性、时效性、便利化需要，带动全社会物流成本显著降低，现代服务业水平达到国际标准，人民的获得感、幸福感、安全感普遍满足。

六是效益良好。铁路运输产品供给质量和供给效率高，资源节约、环境友好的优势充分体现，经济和社会效益良好。铁路运量增长、成本降低、市场竞争力强，资源配置科学合理，产品结构多元优化，经营机制灵活高效，资产溢出效应良好，负债合理、风险可控，财务实力、市场活力、创效能力强，实现健康持续高效发展，形成铁路品牌集群，跻身具有全球竞争力的世界一流企业。

七是管理科学。铁路监督管理和企业经营管理科学高效，铁路领域治理能力成为国家治理体系和治理能力现代化的有效组成。管理体制科学合理、管理机制灵活协调、管理理念先进超前、管理手段丰富多样、治理能力现代高效、制度体系国际接轨，法律法规体系和监管执法体系健全，法人治理结构和法人权责明晰，铁路实现向高质量发展转变，为世界铁路提供中国智慧和中国方案。

八是高度融合。铁路与其他交通运输方式同规划、同实施，标准兼容，合理比价，有序竞争，形成战略协同和战略合力。服务现代化经济体系建设，与区域协调发展战略等国家战略深入对接，基础设施空间格局得到优化，运输市场统一开放。服务全面开放新格局，与周边国家基础设施互联互通，支撑"一带一路"建设。

九是人才充沛。铁路人才队伍数量充足、素质优良、专业配套、梯次科学、结构合理、储备充裕、凝聚力强，培训体系完备，人才集聚效应明显，高级管理人才、专业技术人才和高技能人才队伍能力胜任，领军人物、大国工匠、技术大师大量涌现，高层次创新型人才储备充足，国内、国际人才库和新型智库专业门类齐全，崇尚劳动、尊重人才行业氛围浓厚，全面满足铁路现代化建设运营管理需要。

十是人民至上。人民立场，是我们党的根本政治立场，是我们党区别于其他政党的显著标志。在习近平新时代中国特色社会主义思想中，"人民"二字分量最重。我们建设铁路强国，与其他国家发展铁路最本质的区别和要求，是按照习近平总书记坚持以人民为中心的发展思想，一切为了人民、一切依靠人民，为人民谋幸福、为民族谋复兴。将"人民铁路为人民"作为一切工作的出发点和落脚点，作为检验中国特色社会主义铁路强国的首要政治标准，建成人民满意的现代化铁路。

建设交通强国铁路篇的内涵特征，是国家铁路局贯彻落实习近平新时代中国特色社会主义思想和党的十九大精神的初步思考。为了让美好的蓝图变成生动的现实，我们必须始终坚持以习近平新时代中国特色社会主义思想为指导，服务建设中国特色社会主义现代化强国，紧紧围绕交通强国建设总体要求，准确把握我国铁路发展所处的历史方位和主要矛盾，把握机遇、埋头苦干、坚韧不拔、锲而不舍，奋力谱写建设交通强国铁路篇的壮丽篇章。

加快新时代民航强国建设 发挥民航在交通强国建设中的 战略支撑作用

中国民用航空局 董志毅

民航是战略性产业,在国家开启全面建设社会主义现代化强国的新征程中发挥着基础性、先导性作用。建设民航强国,既是更好地服务国家发展战略、满足人民美好生活需求的客观需要,也是深化民航供给侧结构性改革、提升运行效率和服务品质、支撑交通强国建设的内在要求。建设民航强国是交通强国建设的重要组成部分和有力支撑,是实现中华民族伟大复兴的必然要求和重要标志。

一、中国民航积聚了由大变强的发展功能

改革开放以来,经过几代民航人艰苦奋斗,不懈努力,我国民航发展在安全水平、行业规模、服务能力、地位作用等方面取得了巨大成就,奠定了建设民航强国的坚实基础。

一是航空安全水平世界领先。近年来,运输航空百万小时重大事故和亿客公里死亡人数保持双"零"记录。截至2018年,全行业累计实现连续安全飞行100个月,6836万小时,保持了16年零8个月的空防安全零责任事故记录,走在了国际民航业的前列。

二是行业运行规模居世界前列。2005年开始,我国成为仅次于美国的全球第二大航空运输系统。截至2018年底,全行业共有航空运输公司60家,

运输飞机3639架。通用航空公司422家，通用航空器2495架。运输机场235个，其中年旅客吞吐量超过1000万人次的37个，超过3000万人次的10个。首都机场旅客吞吐量、浦东机场货邮吞吐量分别位居全球第二和第三位。2018年中国民航对世界民航增长贡献率超过25%，对亚太民航增长贡献率超过55%。

三是航空服务能力显著增强。改革开放以来，中国民航总周转量持续保持年均16.3%的高速增长，远远高于其他运输方式和国民经济增长速度（9.5%）。2018年，我国航线网络通达65个国家和地区，连通全球165个城市。完成旅客运输量6.1亿人次，完成货邮运输量738.5万吨，分别是改革开放初期的265倍和92.3倍，较好地满足了民航服务市场需求。

四是行业地位作用日益突出。2018年，我国民航旅客运输周转量在综合交通体系中的比重达到31%，航空货运承担进出口贸易额比重达19%。与96个"一带一路"沿线国家签订了双边航空运输协定，与其中的42个国家实现直航，国际定期航线392条，有力支撑了国家对外开放。在祖国和人民需要的时候，挺身而出，圆满完成历次海外撤侨、抗震救灾等重大和紧急航空运输保障任务。

五是国际影响力、竞争力与日俱增。中国是国际民航组织一类理事国，由中国政府提名的候选人成功连任国际民航组织秘书长。在国际市场上，中国航空企业竞争力大幅提升，三大航空集团营利能力进入全球前十。中国民航已搭建与东盟、非洲和中亚等航空区域合作平台，承建的多个国际机场正式投入使用，在标准、技术、管理、产品、服务等方面开展广泛的交流与合作。

进入新时代，我国经济发展由高速增长阶段向高质量发展阶段转换，新一轮科技革命和产业变革方兴未艾，大众出行对安全、便捷、品质等方面的关注不断增强，对成本、质量、效率和环境提出了更高要求。经过几代中国民航人的接续奋斗，我国已具备从民航大国向民航强国跨越的发展基础，同时也面临基础保障能力不足、资源环境约束增大、发展不平衡不充分现象突出等问题。面对新时代的新形势和新要求，面对民航发展日益严峻的挑战和问题，我们需要以新时代民航强国建设为指引，推动民航实现高质量发展，为交通强国建设提供有力支撑。

二、加快民航发展质量、效率和动力变革，支撑交通强国建设

当前，建设民航强国的宏伟蓝图已经打开，中国民航将按照"一加快两实现"战略进程加快民航强国建设，并坚持推动民航高质量发展，确保民航发展理念新、发展目标明、发展动力足、发展路径清、发展效益好，充分发挥民航在交通强国建设中的战略支撑作用。

首先，充分发挥民航的战略引领作用。习近平总书记多次强调"民航业是重要的战略产业""新机场是国家发展一个新的动力源"。国家全面扩大开放和构建现代化经济体系，对民航构筑更加通达的国际运输网络、促进产业高端化发展、增强动力源而言，既是机遇，更是挑战。这要求民航发展必须不断丰富其内涵和外延，主动承担起国家赋予的历史使命，以新发展理念为引领，以质量和效率为导向，推进民航高质量发展，全面提升我国民航的战略引领力、经济带动力和国际竞争力。

其次，扩大对外开放，拓展国际化的市场空间。开放是民航引领交通强国建设的重要特征，是民航高质量发展的必由之路。一方面，积极推动航空市场开放，以"一带一路"为重点，逐步推进与全球主要航空运输市场及新兴市场的准入开放，打造"空中丝绸之路"。另一方面，努力提升航空企业的国际竞争力，鼓励航空企业通过联合重组扩大规模，加大对主基地航空公司航线航班资源配置，打造具有全球竞争力的大型网络型航空公司。此外，着力提升北京、上海、广州机场国际枢纽竞争力，加快建设成都、昆明、深圳、重庆、西安、乌鲁木齐、哈尔滨等国际航空枢纽，为国家全面开放提供重要支撑。

再次，加快新技术应用创新，引领民航新的产业变革、服务变革和管理变革。当今世界正处于新一轮科技革命和产业变革进程中，必须把创新作为民航应对发展环境变化、实现新旧动能转换、推动行业转型升级的根本之策，大力培育行业创新文化，营造行业创新环境，推动行业创新体系建设，加快推进智慧民航建设。

最后，主动融入现代综合交通，创造运输服务新动能。以需求特征为导向，充分发挥航空、高铁的比较优势和集成发展优势，推进基础设施一体化、

运输服务一体化、技术标准一体化、信息平台一体化，打造"无缝衔接、中转高效"的空地联运服务产品，构建具有中国特色的"航空＋高铁"的大容量、高效率、现代化的快速交通运输服务体系，这将对促进我国区域协同发展，支撑交通强国建设，提升国家综合竞争力具有重要意义。

加快构建与交通强国相适应的现代化交通运输治理体系和治理能力

交通运输部 周伟

党的十九大强调，必须坚持和完善中国特色社会主义制度，不断推进国家治理体系和治理能力现代化，构建系统完备、科学规范、运行有效的制度体系，充分发挥我国社会主义制度优越性。经济发展，交通先行。交通运输作为国民经济基础性、先导性、战略性产业，在国家治理现代化的进程中，理应敢于担当、积极作为，率先在推进行业治理现代化方面大胆改革创新，构建科学完备的交通运输治理体系，打造与交通强国相适应的治理能力，为推动交通运输高质量发展、建设人民满意交通提供有力保障，为国家治理现代化探索积累实践经验，为建设现代化经济体系提供坚实支撑。

一、深入学习领会习近平总书记关于国家治理现代化的重要论述

习近平总书记高度重视推进国家治理现代化，在党的十八届三中全会将国家治理体系和治理能力现代化作为全面深化改革的总目标首次提出。党的十九大报告在新时代中国特色社会主义思想中对这一论述进行了明确，并在新时代坚持和发展中国特色社会主义的基本方略中进行了强调。习近平总书记关于国家治理现代化的一系列重要论述，为我们深刻理解和准确把握治理现代化的科学内涵和精髓要义提供了根本遵循。我们要加强学习领会，用习近平新时代中国特色社会主义思想武装头脑，指导实践，加快推进交通运输

行业治理现代化。

（一）推进国家治理现代化必须以完善和发展中国特色社会主义制度为方向

习近平总书记指出，推进国家治理体系和治理能力现代化，必须完整理解和准确把握全面深化改革的总目标，这是两句话组成的一个整体，即完善和发展中国特色社会主义制度、推进国家治理体系和治理能力现代化。这两句话，前一句规定了根本方向，后一句规定了根本方向指导下完善和发展中国特色社会主义制度的鲜明指向。推动中国特色社会主义制度更加成熟更加定型，方能为党和国家事业发展、为人民幸福安康、为社会和谐稳定、为国家长治久安提供一整套更完备、更稳定、更管用的制度体系。同时，制度建设应不断变革与完善以适应国家现代化总进程，提高党科学执政、民主执政、依法执政水平，提高国家机构履职能力，提高人民依法管理国家事务、经济社会文化事务、自身事务的能力，最终实现党、国家、社会各项事务治理的制度化、规范化、程序化。

（二）推进国家治理现代化必须坚持治理体系和治理能力建设两手抓

习近平总书记指出，国家治理体系和治理能力是一个国家的制度和制度执行能力的集中体现，两者相辅相成。治理体系是治理能力形成的基础，治理能力的提升有赖于完善的治理体系。推进治理体系和治理能力现代化，要立足阶段特点和实际需要，改革破除制约发展的体制机制，构建新的更加成熟定型的治理体系；要更加注重治理能力建设，增强按制度办事、依法办事意识，善于运用制度和法律治理国家，把各方面制度优势转化为管理国家的效能，提高党科学执政、民主执政、依法执政水平。

（三）推进国家治理现代化必须坚持全面深化改革

习近平总书记指出，我们全面深化改革，是要使中国特色社会主义制度更好，要不断革除体制机制弊端，让我们的制度成熟而持久。推动中国特色社会主义制度更加成熟更加定型是一项极为宏大的工程，必须是全面的系统的改革和改进，是各领域改革和改进的联动和集成，在国家治理体系和治理能力现代化上形成总体效应、取得总体效果。党的十九大明确提出，分2035

年和本世纪中叶两个阶段,推进实现国家治理现代化。在整个进程中,都要高举改革旗帜,加强党对全面深化改革的集中统一领导,坚决破除一切不合时宜的思想观念和体制机制弊端,突破利益固化的藩篱,充分发挥我国社会主义制度优越性。

二、准确把握交通运输治理现代化与交通强国建设关系及内涵

(一)深刻认识交通运输治理现代化与交通强国建设关系

党的十九大报告提出建设交通强国,这是党和人民赋予交通运输行业的新的历史使命,开启了新时代交通运输伟大事业的新征程。交通运输治理现代化作为国家治理现代化的重要组成部分,与交通强国建设相互依存、密切相关。一方面,交通运输治理现代化是交通强国建设的重要内容和显著特征。在《交通强国建设纲要》中,推进交通运输治理体系和治理能力现代化是发展目标之一,完善治理体系、提升治理能力是重要建设内容。总的来看,打造现代化交通运输治理体系,不断提升交通运输治理能力,是交通强国建设的重要组成部分和切入点。行业治理现代化作为交通运输现代化的重要指标,已成为交通强国建设软实力强的重要特征。另一方面,治理现代化是实施交通强国建设的重要支撑和制度保障。通过深化体制机制改革,积极构建政府、市场、社会等多方共建共治共享的现代治理体系,创新治理方式,提升治理能力,可为交通强国建设保驾护航,为推动构建安全、便捷、高效、绿色、经济的现代化综合交通体系提供更好的服务和支撑。

(二)准确把握交通运输治理现代化内涵

治理现代化是科学的制度体系和善治的治理能力的有机统一。推进交通运输治理现代化,归根结底,就是要与交通强国建设历史使命相适应,通过完善交通运输治理理念、治理结构、治理规则、治理方式等,推动交通运输资源配置更有效率,促进交通运输发展水平更高质量,支撑交通运输服务国家战略更加有力,建设人民满意的交通更有保障。

(1)在目标上,构建协同共治的格局。有为的政府、有效的市场和有机的社会,是现代化国家的三根支柱。推进交通运输治理现代化,要正确处理

政府、市场和社会的关系，三个主体之间不是对立的，而是互为补充、互相依存的，不是简单地政府向市场放权、向社会放权，也不是简单地加强政府责任，而是应立足于"政府—市场—社会"三位一体，理顺各个治理主体之间与内部的权责关系，形成协同高效、良法善治、共同参与的良好局面，全面提升行业治理体系与治理能力现代化的能力和水平。

（2）在内容上，牢牢抓住四个着力点。第一针对行业重速度规模、轻质量效益，重传统要素投入、轻创新驱动等问题，着力革新交通运输治理理念；第二针对行业重政府主导、轻市场治理，多依赖行政手段、少经济与技术治理方式等问题，着力完善交通运输治理方式；第三针对行业治理能力不足、职能转变不到位，特别是对新兴业态监管服务不到位等问题，着力提升交通运输治理能力；第四针对行业政府、社会、市场边界定位不清晰，职责缺位、越位、错位情况并存等问题，着力完善交通治理体系。

（3）在途径上，注重强化改革与创新。改革创新是实现国家治理现代化的根本动力。推进交通运输治理现代化，要解放思想，敢于冲破传统观念束缚，抓住制度创新这个核心，加强战略研究，大胆进行理论创新，从战略上谋划行业治理体系现代化，释放和增添行业活力。要充分利用现代的信息技术和网络技术，善于把党的优良传统和新技术新手段结合起来，创新为民谋利、为民办事、为民解忧的相关机制，促进行业治理能力的不断提升。

三、对标交通强国建设目标，狠抓交通运输治理现代化推进落实

《交通强国建设纲要》提出，到2035年，基本建成交通强国。基本实现交通治理体系和治理能力现代化；到本世纪中叶，全面建成人民满意、保障有力、世界前列的交通强国。交通治理能力达到国际先进水平。要实现这一系列目标，必须坚持全面深化交通运输改革，集中力量攻坚克难，优化政府治理、完善市场治理、增强社会治理，建立形成政府、市场、社会"三位一体"相互协调的整体性治理架构，加快构建与交通强国相适应的现代化交通运输治理体系和治理能力。

（一）加快推进政府治理现代化

紧紧围绕法治型服务型政府建设，厘清权力边界，深化行政管理体制改革，切实转变政府职能，创新行政管理方式，完善职责定位和监督协调机制，推进交通运输政府治理现代化。一是理顺体制机制。稳步构建中央、省、市（县）三级政府间科学规范的交通运输职责体系。不断深化铁路、公路、航道、空域管理体制改革，建立健全适应综合交通一体化发展的体制机制。强化规划协同，实现"多规合一""多规融合"。建立事权明晰、权责一致、运转协调的建管养运体制与运行机制。二是加快政府职能转变。清晰界定社会主义市场经济条件下交通运输领域政府职能、职责及履责权限和支出责任，重点解决交通运输政府职能缺位、越位、错位情况，大力减少和规范行政审批事项，增强交通运输部门依法行政、科学服务的能力。三是规范权力运行。正确处理政府与市场、社会的关系，划清政府与市场、政府与社会的边界，制定政府权力清单、责任清单、市场负面清单，完善交通运输行政决策、执行、监督制约协调机制。四是强化财政保障。落实《交通运输领域中央与地方财政事权和支出责任划分改革方案》。探索政府产业基金等多渠道的交通基础设施资金保障机制，健全交通运输基本公共服务的公共财政保障体系。强化交通基础设施资产监管，加强对交通运输重要国有资产的评估、产权界定、收益权清理、成本核算。

（二）不断完善市场治理现代化

紧紧围绕使市场在资源配置中起决定性作用，从完善市场治理规则、监管体系、激发市场活力入手，针对市场边界、市场主体、市场准入、产权保护、价格机制等方面，完善制度安排，推进交通运输市场治理现代化。一是完善市场治理规则。对于基础设施类市场，明确产权、规范特许经营。对于公用事业类市场，关键是完善经营许可、市场准入和退出机制，完善价格调整和财政补贴机制，重点加强对服务水平和成本监管。对于私人服务类市场，发挥行业组织作用，培育市场主体和行业文化，设立市场负面清单。二是健全市场监管体系。完善交通运输法律法规和标准规范，加强对各类交通运输市场的监管，守住交通运输建设质量、安全生产等监管底线，严厉查处违规违法行为。创新市场监管模式和手段，充分运用大数据、物联网等信息化科技手段，发挥公众和社会多方面力量对交通运输市场的监管。探索市场主体分类分级管理制度，制定和落实守信激励和失信惩戒各项措施，构建以信用为核心的新型监管机制。三是激发市场主体活力。破除行业垄断和政策壁垒，保障市场主体享有平等进入交通运输市场权利。在公共交通服务领域积极引入市场竞争，使各类交通运输企业拥有平等竞争的环境，增强市场活力，提高服务效率。鼓励管理创新、技术创新和业务创新，引导企业创新交通运输产品和服务。四是注重市场机制运用。在破解交通发展资金难题、提高运输服务效率、丰富公共产品供给等方面，更多地发挥市场机制配置资源的作用，积极探索推广PPP、特许经营等市场化融资和经营管理模式。推进交通运输资源要素结构调整，资源切实用于推进国家战略、保障社会民生的薄弱环节和重点领域，最大限度发挥资源综合利用效益。

（三）逐步加强社会治理现代化

紧紧围绕更好保障和改善民生，落实政府交通运输基本公共服务职能，激发社会组织活力，完善公众参与机制，促进社会公平正义，推进交通运输社会治理现代化。一是完善公共服务体系。合理界定交通运输基本公共服务清单，依法落实政府基本通行设施、基本出行服务、物流、运输安全监管、应急保障等基本公共服务执行责任和财政责任。二是培育社会组织发展。鼓励和强化交通运输行业社会组织在资源获取、制度建设、规范化管理、承接公共服务、发展公共关系等方面建设，促进社会组织向专业化和多样化发展。推进社会组织建设职业化、专业化的人才梯队，更好地发挥社会组织作用和功能。三是推进社会多元治理。推进交通运输治理主体多元化，充分发挥行业协会在规范行业秩序、建立行业从业人员行为准则、促进企业诚信经营等方面的作用，提高行业决策咨询与科研机构在促进行业技术进步、提升行业管理水平、反映管理对象诉求、提出政策建议等方面的服务能力。四是完善公共监督机制。依法落实交通运输政务信息公开，完善交通运输公共政策和规划形成机制，强化民主监督机制，规范交通运输领域各类治理主体的行为。

改革开放以来，我国交通运输经历了跨越式发展，取得了举世瞩目的成就。这与长期以来交通运输行业始终坚持把完善治理体系、提升治理能力作为重点任务并予以大力推进是密不可分的，当时我国探索形成的交通运输治理体系和能力是适合国情和行业发展阶段要求的。进入新时代，交通运输行业开启了建设交通强国的新征程，加快推进行业治理体系和治理能力现代化势在必行，行业上下必须勇于攻坚克难，勇于自我革命，以交通运输治理现代化推动交通运输高质量发展，建设人民满意交通，实现我国由交通大国迈向交通强国的历史性飞跃，为实现两个一百年奋斗目标和中华民族伟大复兴的中国梦提供坚实的交通运输支撑和保障。

推进公路交通转型提质升级
助力交通强国建设

交通运输部 姜明宝

公路是最基础、最广泛的运输方式，能够提供最为机动灵活、个性多样的运输服务，在综合交通运输体系中发挥着基础网络功能和干线运输功能，是其他运输方式集疏运的重要载体。建设人民满意、保障有力、世界前列的公路交通，实现从"公路交通大国"迈向"公路交通强国"，是建设交通强国，推动经济高质量发展必不可少的组成部分。

一、交通强国战略背景下公路发展的定位与思路

（一）公路交通战略定位

改革开放以来，我国公路交通发展取得了巨大成就，实现了由"瓶颈制约"到"基本适应"再到"先行引领"的转变，基本形成了广泛覆盖的全国公路网络，高速公路里程、公路货运量及货物周转量均居世界第一。在新时代建设交通强国背景下，公路将不仅是综合立体交通网中"基础网""干线网"的绝对主体和"快速网"的重要组成部分，也是衔接其他各种交通方式、提升综合运输整体效率的重要载体，在综合交通运输体系中具有不可替代的作用，是贯彻落实新时代交通运输发展目标任务的主战场。

公路是经济社会发展的重要基础。公路为经济社会发展提供了坚实基础和保障条件，在全面建设社会主义现代化强国征程中公路交通的基础性、先导性、战略性、服务性作用将日益突出，仍将是国家稳增长、促改革、调结

构、惠民生的重点领域,"要想富,先修路"仍不过时。

公路是综合交通运输体系的基础和骨干。公路覆盖面广、灵活性强,是连通度最高、使用最广泛甚至是许多地区唯一的交通运输方式,是综合立体交通网中"基础网"和"干线网"的主体,在中短途运输中具有不可替代的重要作用。此外,以高速公路为主体的骨架公路是综合立体交通网中"快速网"的重要组成部分,可以有效承担跨区域、省际、城际中长途运输任务。

公路是发挥综合运输效益的重要载体。公路交通直接贴近群众生活,具有"门到门"的优势,能够满足个性化、差异化、多元化出行需求,能够为其他交通运输方式提供便捷的集疏运和衔接转换服务,是解决出行链"最后一公里"问题,实现"人便于行、货畅其流"的重要载体和纽带。

(二)公路交通发展的思路

以习近平新时代中国特色社会主义思想为指导,深入贯彻"创新、协调、绿色、开放、共享"五大发展理念;紧紧围绕国家战略方向和发展阶段性特征,坚持目标导向和问题导向相统一,推动公路交通的质量变革、效率变革、动力变革;形成更高效率更加普惠的公路网络,更高质量更加耐久的公路设施,更加便捷更高品质的出行服务,更可持续更加有力的治理体系,满足人民日益增长的美好生活需要,有力支撑交通强国建设和经济高质量发展。

1. 公路交通发展的战略导向

在发展重点方面,由建设为主向建设、管理、养护、服务并重转变,切实增强公路基础设施的服务属性,推动公路建设养护管理和服务质量全面变革。

在发展理念方面,由增量扩张为主向做优增量、调整存量并举转变,不片面追求规模和速度,更加注重存量的挖潜升级,补齐短板、优化结构,推动公路发展效率变革。

在发展模式方面,由粗放供给向绿色低碳、集约高效转变,进一步提高供给质量和效率,实现公路交通与自然资源、生态环境的协调发展。

在发展动力方面,由要素驱动向创新驱动转变,主要依靠科技创新、体制机制创新,提高资源利用效率驱动,推动公路发展动力变革。

2. 公路交通发展的基本原则

坚持以人民为中心。把建设人民满意交通作为根本出发点和落脚点，以更好服务群众出行需求为导向，不断拓宽服务内涵，扩展服务渠道，丰富服务内容，提升服务品质，不断增强人民的获得感、幸福感、安全感。

坚持创新发展。把创新作为发展的第一动力，最大程度用好新技术和新产品，优化要素配置，突破"卡脖子"技术瓶颈，促进新一代信息技术与公路发展的深度融合，实现公路基础设施建设、管理、养护、服务全面创新，激发公路交通发展的内生动力。

坚持协调发展。加快推进公路基础设施建设、管理、养护、服务协调发展，坚持"公路建设是发展，养护管理也是发展，而且是可持续发展"的发展观，顺应公路交通发展阶段的历史方位，不断提升公路建设发展质量，更加注重公路养护、管理、服务的协调发展，着力构建公路交通协调发展新格局。

坚持绿色发展。厚植集约高效、节能减排、自然和谐的绿色发展理念，将生态文明理念融入公路基础设施发展的各方面和全过程，正确处理公路基础设施建设、养护、运营与生态环境的关系，推动公路交通向资源节约型、环境友好型转变，促进公路与自然和谐共生，营造良好出行环境。

坚持开放发展。加强与周边国家公路通道互联互通，稳步推进养护、服务等领域市场开放，加强信息互联共享，积极参与国际标准、规则的制定，提升我国公路交通的国际影响力和话语权。

坚持共享发展。加快完善公路基础设施网络，注重区域间、城乡间的交通资源优化配置，提高公路基础设施发展的均衡性，着力提升运输便利化和基本公共服务均等化水平，更好地发挥公路交通保障改善民生的积极作用，促进公路发展成果更多、更公平地惠及全体人民。

3. 公路交通发展的战略目标

到 2035 年，创新对发展的支撑作用进一步提升，发展的平衡性协调性显著增强，绿色发展理念融入发展全过程，构建形成安全、便捷、高效、绿色、经济的公路基础设施体系，公路网络更有效率、更加普惠，公路设施更高质量、更加耐久，出行服务更加便捷、更高品质，治理体系更可持续、更加有力，基本实现公路交通现代化，人民群众的获得感、幸福感、安全感明显提高，有力支撑交通强国建设。

到本世纪中叶，公路基础设施发展水平位居世界前列，人民享有美好的公路交通服务，为全面建成人民满意、保障有力、世界前列的交通强国提供坚实保障。

二、公路发展现状、问题及形势

（一）发展现状

公路网络结构不断优化。到2018年底，全国公路网总里程达485.7万公里，高速公路网络格局基本形成，通车里程达14.3万公里，居世界首位，6车道及以上高速公路达到2.4万公里；普通国省干线技术等级稳步提升，二级及以上公路比重达到58%；农村公路覆盖水平不断提高，总里程达到404万公里，全国99.6%的乡镇和99.5%的建制村实现通硬化路。

路网管养能力不断提高。到2018年底，全国公路养护里程达到475.8万公里，养护比例达到98.17%，高速公路、普通国省干线、农村公路优良率分别达到99.8%、82.26%和64.42%。路网运行监测与应急处置体系基本建立，应急保障能力显著增强。货车非法改装和超限超载治理工作明显加强，交通运输部、公安部治超联合执法常态化制度化明显推进，严重违法超限超载运输现象得到有效遏制。

公路出行服务明显改善。通过实施乡道及以上公路安全生命防护工程、干线公路灾害防治工程、危桥改造工程以及公路隧道提质升级、公路交通标线质量控制、提升公路桥梁安全防护和连续长陡下坡路段安全通行能力等专项行动，公路基础设施安全保障能力有效提升。全国高速公路实现电子不停车（ETC）联网收费，逐步有序取消了政府还贷二级公路收费，积极有序推进取消高速公路省界收费站工作，公路沿线配套服务设施不断完善，公路出行服务品质再上新台阶。

重大工程建设突飞猛进。高寒高海拔地区高速公路建设等技术难题陆续攻克，广东省虎门二桥、四川省雅安至康定高速公路、青海省花石峡至久治高速公路、京新高速公路、连霍高速公路改扩建等一批重大公路工程项目得以实施。建成通车的港珠澳大桥，工程建设条件复杂，技术难度大，堪称当今世界交通建设工程最高水平的代表之一。

行业治理体系建设取得新进展。公路建设管理体制、养护管理体制、投融资、综合执法、建设市场监管等重点领域改革扎实推进。《中华人民共和国公路法》《农村公路管理条例》《收费公路管理条例》等制修订工作取得积极进展。信用体系建设深入推进，市场准入监管不断优化，招标投标制度不断健全，事中事后监管力度持续加大，"双随机一公开"监管得到全面推广。

（二）存在的突出问题

尽管我国公路发展取得了巨大成就，但公路建设、管理、养护和服务工作等还不适应交通强国建设的要求，具体而言：

公路网络仍不完善，结构性矛盾突出。国家高速公路仍有约 3 万公里的待贯通路段，部分早期修建的通道车流量日趋饱和；普通国道中还存在约 3 万公里的四级路、等外路和未贯通路段，部分城镇化过境路段街道化严重；西部地区、"老少边穷"地区农村公路发展仍显滞后，农民群众出行难问题仍未全面解决。

工程建设精细化程度和技术创新能力仍然不足。全寿命周期成本理念尚未深入人心，现代工程管理、绿色公路、品质工程等建设发展理念有待进一步深化落实。设计精细化不足，工程规模偏大、造价偏高。施工标准化程度参差不齐，新结构、新材料、结构耐久性等基础性研究仍显薄弱，企业改进和创新工艺工法的主动性不强。

养护管理压力较大，养护发展模式亟待转变。早期大规模建设的公路，逐渐进入了周期性养护高峰期。我国养护管理发展基础薄弱、投入不够、效率不高、技术滞后，科技在公路养护管理中的主导作用不足，依靠要素驱动的粗放式发展方式仍未发生根本转变。

公路整体防灾能力不足，抗灾能力需进一步加强。我国地域辽阔，自然灾害多发，公路或穿越山谷、或爬坡越岭、或沿河谷蜿蜒延伸、或穿越平原，易受到各种自然灾害侵袭。早期建设的公路，特别是低等级公路，抵御自然灾害能力不足。

路网服务品质不高，服务内容有待进一步拓展。部分时段部分公路段拥堵缓行问题还比较突出。高速公路服务区服务水平差异较大，出行服务信息化手段运用仍有不足，服务内容有待进一步拓展。部分公路安全防护设施相对不足，存在一定运行风险。

资金供需矛盾突出，外部刚性约束趋紧。受宏观经济及政策环境等因素影响，公路融资难度加大，建设、养护、偿债资金短缺问题日益突出。受养护资金短缺影响，部分干线公路养护不到位，农村公路欠养、失养现象依然存在。严格的环境保护制度、耕地保护制度等要求，使得项目征地拆迁难度加大，环境资源等刚性约束进一步强化。

体制机制尚不适应，有待进一步理顺和完善。现行公路管理体制及投资政策还存在一些不相适应的地方，特别是普通公路养护管理资金保障机制尚不健全，造成管理分割、建设不同步、水平差异大，难以实现最大化综合效益。

（三）面临的形势与要求

深化供给侧结构性改革，要求着力补齐短板，提升公路基础设施的供给质量和效率。我国经济已由高速增长阶段转向高质量发展阶段，正处在转变发展方式、优化经济结构、转换增长动力的攻关期。推进供给侧结构性改革，引导经济朝着更高质量、更有效率、更加公平、更可持续的方向发展，将是当前和今后一个时期我国经济工作的主线。要根据供给侧结构性改革的总体要求，着力补齐发展短板，更加注重养护管理服务，优化存量资源配置、扩大优质增量供给，全面提升公路基础设施的供给质量和效率。

满足人民群众对美好生活的向往，要求公路基础设施更加重视"软需求"，提供优质的运输服务。当前我国社会主要矛盾已经转化为人民日益增长的美好生活需要和不平衡不充分的发展之间的矛盾，人民群众的出行需求正从"走得了"向"走得安全""走得便捷""走得舒适"转变。人民群众对美好生活的新需求、新向往为公路交通发展创造了无限空间，居民出行模式的结构性变化，不仅对基本出行条件提出了更高的要求，而且对交通出行多元、个性、公平、自由的要求也不断增强。这就要求公路发展牢固树立以人为本的理念，提供多样化、人性化、高品质的服务，不断增强人民群众出行的幸福感、获得感、安全感。

适应科技和产业新变革，要求加快推进新一代信息技术与公路基础设施有机融合。全球信息技术、生物技术、新能源技术、新材料技术等交叉融合正在引发新一轮科技革命和产业变革，不断催生出新的生产方式、产业形态、商业模式和经济增长点，为传统产业提质增效升级带来新的机遇。我国公路基础设施近年来发展迅速，骨干网络初步形成，建设了一批举世瞩目的重大工程，具备由交通大国向交通强国迈进的基础条件，要抢抓科技创新重要机遇，加快新技术攻关和推广应用，有效推动公路交通提质增效升级。

生态资源约束增强，要求努力实现公路基础设施绿色循环低碳发展。十九大报告明确提出要坚持节约优先、保护优先，并提出实行更加严格的土地、生态环境保护制度。土地、资源、环境等刚性约束进一步增强，对公路交通发展带来新的约束和挑战。这就要求在发展过程中，切实贯彻绿色发展理念，转变公路规划、设计、建设和管理的思路与发展重点，促进公路与自然和谐发展。

三、发达国家公路基础设施发展规律特征及经验借鉴

从美国、日本、欧洲等发达国家公路交通发展进程来看，大致可分为三个发展阶段：

第一阶段为规模快速扩张的阶段。该阶段基础设施规模快速扩张，总量持续提升、结构逐步优化、网络不断完善。这一阶段主要是满足经济快速增长、工业化和城市化发展带来的运输需求高速增长的需要。

第二阶段为应用新技术提升效率的阶段。该阶段主要是通过信息技术等先进新技术的应用，重点对存量基础设施进行改进和挖潜，推进基础设施的信息化、网络化和智能化，增强交通的可靠性，提升基础设施的服务能力和服务水平。这一阶段主要是满足经济社会发展带来的运输需求在效率、品质上的更高要求。

第三阶段为注重用户感受与可持续发展能力阶段。该阶段是对前两个阶段的延续、发展和创新，更加注重用户感受和多元化需求，更加注重交通与

环境、资源间的协调发展。这一阶段主要适应经济社会"新现代化"发展的需要，满足社会和公众全面提升生活质量。

从国际先进的公路交通系统来看，普遍具有以下几个特征：

一是基础设施网络完善。具有覆盖广泛、成熟稳定公路基础设施网络，可有效支撑国土空间开发治理。二是服务便捷高效。具有便捷多样、集约高效的服务设施和系统，实现"人便于行、货畅其流"。三是先进技术广泛运用。形成创新引领的发展模式，现代技术广泛运用，系统运行安全绿色智能。四是治理体系健全。形成现代化的治理体系，制度标准法规体系健全，在全球治理中具有一定影响力和话语权。

总结发达国家公路交通发展路径和发展特征，为我国公路基础设施发展提供经验借鉴：

一是注重安全。把交通安全放在首要位置，减少交通事故伤亡人数，保障国民健康与安全。二是注重服务品质。注重公路交通的可靠性和服务品质，采取多种方式提高交通系统的可达性、机动性，满足用户的多元化需求。三是注重科技进步。将科技进步视为交通运输创新发展的重要手段，注重现代信息技术、新能源、新材料等在交通领域的研发和应用，注重提升设施设备、运输服务科技水平。四是注重环境保护。关注并重视资源和环境保护，强调促进交通运输的可持续发展。五是注重资金保障。公路的建设养护资金以政府投资为主，充分发挥政府和市场的作用，多渠道筹集资金，并通过立法，保证融资的严肃性、规范性、连续性。六是注重法规及监管体系建设。建立了较为完备的公路管理法律、法规体系，涵盖了公路规划、建设、养护和特许经营等各方面。同时对各级公路管理机构的事权职责进行了明确规定，而且法律、法规具有较强的可操作性，便于公路管理部门执行，管理工作效率高。

四、推进我国公路发展的措施

一是打造更有效率、更加普惠的公路网络。支撑国家综合运输大通道的构建和完善，畅通主要城市群城际通道，加强与周边国家重要公路通道互联互通，建设互联高效的高速公路网。加强普通国省干线低等级路段升级改造，优化路网等级结构，提高干线公路与城市道路的衔接水平，建设功能完备的普通干线公路网。提高农村公路通达深度和通畅水平，构筑畅通优质路网系统，建设广泛覆盖的农村基础网。

二是建设更高质量、更加耐久的公路设施。贯彻创新、协调、绿色、开放、共享新发展理念，落实建设、管理、养护、运营全寿命周期成本理念。加强针对性和精细化设计，推进生态选线选址，强化生态环保设计。推进新型工业化建造，深化 BIM 技术等在公路领域的应用，推行现代工程管理，打造平安百年品质工程。大力推广新材料、新技术、新工艺在工程中的应用，在长大隧道推广应用智能通风与照明控制技术，建设节能节水型绿色服务区，推广沥青路面再生技术，减少废气、废水排放和噪声污染。推行工程安全生产风险管理，深化"平安工地"建设，提升工程安全保障水平。

三是建立更加精准、更加科学的养护体系。构建现代公路养护体系，强化干线公路养护，加强农村公路养护管理，加大预防性养护和大中修工程实施力度。推广发展现代养护检测技术，建立公路全资产管理系统平台。实行养护作业标准化，加快全寿命周期成本养护设计技术与施工推广应用。加强公路地质灾害监测预报预警能力建设，利用信息系统、卫星定位、高分遥感等技术建立灾害风险监测网，对灾害易发区高风险边坡、路堑、桥隧等设施实施全天候监测，加强边坡防护和滑坡体治理，提升公路设施的防灾能力。

四是构建更加健全、更加高效的路网运行管理体系。完善路网运行监测管理体系，推进部省视频平台建设及联网共享，建立全行业贯通衔接、责权清晰的路网运行管理体制。完善国家、省、市、县四级公路交通应急预案体系，加快国家区域性公路交通应急物资储备中心建设，建立部省联网、资源共享的应急指挥平台，建立公路养护与应急中心。推进"互联网+"路网管理，加快智慧公路云计算、大数据等现代信息技术的创新与应用，推动车路协同技术发展与应用，强化与公安交管部门的协同协作。加快推进超限超载治理，健全完善工作机制，强化依法治超、联合治超、源头治超、科技治超、信用治超，加快推进治超系统全国联网。

五是提供更加安全、更高品质的出行服务。牢固树立安全至上的发展理念，提升公路基础设施本质安全，构建基础设施运行监测检测体系，加强高速公路重点路段安全应急保障设施布设，继续实施普通公路安全生命防护工程、危桥（隧）改造工程和灾害防治工程建设。构建多渠道、全方位的公路出行信息服务体系，持续推进高速公路服务区文明服务创建，加强普通国省干线公路服务设施运营管理，完成国家公路网命名编号和标志调整专项工作，同步推进省级路网交通标志的规范和完善。

六是构建更可持续、更加有力的现代化治理体系。稳步推进公路管理体制改革，建立与财政事权相匹配的支出责任体系和管理制度。完善投融资机制，防范化解政府债务风险，积极争取加大成品油消费税转移支付资金对普通公路养护管理的转移支付力度。完善市场监管制度，强化公路建设质量、安全监督检查制度，构建治超法规体系。分类推动公路养护制度化和市场化改革，构建以信用监管为核心的新型监管机制，推行"互联网＋政务服务。推进优秀公路交通文化传承创新，弘扬以"两路"精神、港珠澳大桥奋斗精神为代表的公路交通精神。

奋力推进交通强国水运篇建设

交通运输部　李天碧

水运是综合交通运输体系的重要组成部分，是经济社会发展的先导性、基础性、战略性和服务性行业。党的十八大以来，在党中央、国务院的正确领导下，水运业坚持以习近平新时代中国特色社会主义思想为指导，贯彻落实新发展理念，深化供给侧结构性改革，海运服务网络遍布全球，港口枢纽作用愈加突出，内河航运发展明显加快，运输服务能力显著提升，绿色安全水平不断增强，水上应急保障体系不断健全，治理体系日趋完善，国际影响力日益增强，为开启交通强国水运篇建设新征程奠定了坚实基础。

一、水运在交通强国建设中具有重要地位

（一）水运是服务国家重大战略和经济社会发展的重要支撑

水运在优化沿海沿江产业布局、促进对外贸易和支撑经济社会发展方面具有战略先导作用。依托长三角、珠三角、环渤海等港口群形成的经济带、城市群成为我国经济最具活力的地区。随着国家重大战略和区域协调发展战略的深入实施，水运作用进一步强化，港口综合运输枢纽作用日益凸显，水运与产业、旅游等融合发展水平不断提升，更好服务区域经济协调发展能力不断增强。建立和完善了国家海上搜救和重大海上溢油应急处置部际联席会议制度，在我国内陆和沿海主要通航水域构建起了广泛覆盖、反应迅速、立

体高效的水上应急保障体系，为国家重大涉水工程建设、战略物资运输、海上资源开发提供了优质的水上安全监管和保障服务，在维护国家海洋权益和经济安全方面发挥重要作用。

（二）水运是现代化综合交通体系的重要组成部分

水运具有运能大、成本低、能耗小、污染少、占地少等比较优势，是资源节约、环境友好的绿色运输方式。在现代化综合交通体系中具有举足轻重的地位。2018年我国水运货物周转量在综合运输体系中占比超过50%，内河货运量、港口货物吞吐量和集装箱吞吐量连续多年稳居世界第一。水运一方面充分发挥比较优势，推动运输结构调整，促进交通运输绿色发展；另一方面加强与其他运输方式衔接，加快运输一体化，大力促进综合运输深度融合，更好促进物流降本增效。

（三）水运是交通运输对外开放合作的先行领域

水运是我国最早对外开放的行业之一。1951年我国和波兰合资创办新中国第一家中外合资企业中波轮船股份公司。改革开放初期，我国依托港口在沿海设立了经济特区，首批对外开放了14个沿海港口城市。目前水运承担了我国90%以上的外贸货物运输量，海运船队运力规模跃居世界第二。国际海运业及其辅助业已全面对外开放，构建了较为完善的全球海运服务网络，海运互联互通指数保持全球第一。与国际组织的合作交流日益频繁，连续15次当选为国际海事组织A类理事国，国际海运的话语权和影响力日益提升。始终将保障人民生命财产安全作为价值追求，持续推进海上人命救助和抢险打捞事业，良好完成了系列重大搜救保障任务，向世界展示了负责任大国的形象。

（四）水运是建设人民满意交通的重要内容

水运作为出行服务的重要补充，是陆岛、湖区、库区等必不可少的运输方式。随着人民群众美好生活需求的日益增长，我国已成为世界第二大邮轮客源市场，都市水上游、长江游轮等水运旅游新业态逐步兴起，需要进一步推动水路客运品质化、差异化、定制化发展，丰富客运旅游产品，并与其他运输方式更加紧密衔接。

二、交通强国水运篇建设的总体要求

（一）深入贯彻落实习近平总书记对交通运输发展的重要指示精神

党的十八大以来，习近平总书记就交通运输作出系列重要指示批示，特别是关于"经济强国必定是海洋强国、航运强国""经济要发展，国家要强大，交通特别是海运首先要强起来。努力打造世界一流的智慧港口、绿色港口，更好的服务京津冀协同发展和共建一带一路""把长江全流域打造成黄金水道"等重要指示，为水运发展指明了前进方向，提供了根本遵循。要以习近平总书记关于交通运输发展特别是水运发展的重要指示精神为指引，推动水运篇深度融入建设现代化经济体系、建设社会主义现代化强国的大局，与落实党中央、国务院重大决策部署紧密结合，加快推进交通强国水运篇建设。

（二）交通强国水运篇建设的总体目标

围绕交通强国建设战略目标，初步设想到 2035 年，基本实现水运现代化，沿海港口、海运发展水平进入世界前列，内河航运现代化水平大幅提升，攻克一批水运关键核心技术和装备制造技术，水运绿色智慧安全发展水平、服务质量效益和行业治理能力显著提升，在交通强国建设中当好先行。到本世纪中叶，全面建成人民满意、保障有力、世界前列的现代化水运体系，水运基础设施体系完备，水运装备先进精良，水运科技创新、安全发展水平、服务质量效益、服务保障能力和行业治理能力达到国际先进水平，引领全球水运绿色、智慧发展，水运国际地位和影响力大幅跃升，为社会主义现代化强国建设提供坚实支撑。

（三）推进交通强国水运篇建设的主要思路

按照《交通强国建设纲要》统一部署，牢牢把握水运在交通强国建设中的地位和作用，以"开放引领、海运先行、内河提升、勇创一流"为导向，制定实施推动海运、长江、救捞高质量发展意见、建设世界一流强港意见、海事和内河航运发展纲要等系列文件，战略谋划、系统推进水运篇，充分发挥水运的比较优势，促进现代综合交通运输体系建设，成为交通强国建设的先行区；以高质量发展为要求，对标对表世界先进水平，创新驱动，加快推进降本增效、提质升级和三个变革，成为高质量发展的样板区；以国家战略为牵引，深化港口整合、港航联合、港城融合，强化多式联运、区域联动、全球联通，成为国家重大战略服务保障的示范区。

三、交通强国水运篇建设的重点任务

（一）完善水运基础设施体系

坚持建设、管理和养护并重，着力优化供给质量、补齐内河短板，构建干支直达、区域成网、水系连通的高质量航道网络体系，打造"四个一流"港口。实施干线航道扩能提升和支流航道提等升级工程，加快推进三峡枢纽水运新通道和葛洲坝航运扩能工程相关工作，提升长江、西江黄金水道通航能力，完善长三角、珠三角高等级航道网络，适时启动湘桂运河、赣粤运河等水系沟通工程建设，加强贫困地区水运通道建设。推进港口专业化、集约化、规模化发展，建设先进适用的内河港口体系，以枢纽港为重点建设世界一流强港，建成具有全球竞争力的国际海港枢纽，更好服务京津冀、长三角、粤港澳大湾区等世界级城市群。推广应用新技术、新材料、新工艺，强化水运基础设施监测监控、健康诊断和日常维护；开展建筑信息模型（BIM技术）的综合应用、港口工程结构全寿命设计等关键技术研发，实现平台开发应用自主化、国产化；加强海上大型结构物施工技术与装备、深水地基处理技术与装备、复杂条件下航道整治技术、隧道通航等科技攻关。

（二）发展先进适用水运装备

突出自主可控、节能环保、技术先进、结构合理，着力促进装备设施优化升级。发展适应性强、技术先进、节能环保的船舶，建立一支结构优化、技术先进、保障有力的现代化海运船队；推进内河运输船舶标准化、专业化、大型化，促进江海直达船舶系列化、标准化发展。增强大中型邮轮、大型液化天然气船、极地航行船舶、智能船舶、新能源船舶等自主设计建造能力；强化水下机器人、深潜水装备、大型溢油回收船、大型深远海多功能救助船等深远海救助打捞关键技术及装备研发应用，加强内陆湖泊、水库等深水救捞装备建设。加大港作机械等装备关键技术研发与推广应用力度。

（三）提升水运服务品质

以多式联运、港航服务现代化、客运与旅游融合发展为着力点，构建"内通外联、货优其流、人享其行"的运输体系。以铁水联运、江海联运、江海直达为重点，以"一单制"为核心，加快多式联运发展；完善集疏运体系，促进大宗货物中长距离运输向铁路和水运转移，推进内贸适箱货物集装箱化运输，着力提升港口集装箱铁水联运比例。深化区域港口一体化改革，提升港口综合服务能力，大力发展专业化物流；依托航运中心，大力发展现代航运服务业，促进船舶代理、船舶管理、港口服务转型升级，提升航运金融、保险、海事仲裁、航运交易、信息咨询、航运指数研发等服务能力，加速全球海运资源要素集聚，建成世界一流的国际航运中心。促进航运和旅游深度融合，建设旅游景观航道，丰富游轮旅游产品，大力发展邮轮经济，完善水路客运服务体系。促进水运企业规模化、专业化、集约化发展，做强做优做大国有企业，做精做细做专中小企业。

（四）全面打造智慧水运

深入推进水运数字化、智能化、网络化，促进水运与互联网、人工智能、大数据等融合发展，加快发展动能转换，引领全球水运智能化发展。实施"互联网+水运"战略，建立以企业为主体、产学研用深度融合的技术创新体系，鼓励发展航运平台经济，开展线上线下服务，全面推进口岸全程物流信息化、电子化，全面提升客户服务体验。建设智能航运综合示范区，推进智能船舶和配套码头、数字航道及相关运行制度规范广泛应用。推进新一代自动化码头、堆场建设和改造，推动港区内部集卡和集疏运通道集卡自动驾驶的示范应用；建设基于5G、北斗卫星导航定位、物联网等技术的港航信息基础设施，以枢纽港为重点形成全面感知、泛在互联、作业协同的智能化港口系统。

（五）加强水运安全应急保障

持续深化依法治理、安全责任、预防控制、教育培训、支撑保障、国际化战略等体系建设，强化依法治安、科技兴安、人才强安，到2035年水运安全发展水平整体达到国际先进水平。严密安全生产责任体系，完善责任链条，夯实安全生产基础。以旅客、危险货物水路运输、重要航运枢纽运行、防范船舶碰撞重要桥梁等为重点，建立安全风险清单，重大隐患及时清零，健全风险分级管控和隐患排查治理双重预防机制。充分发挥部际联席会议作用，健全水上应急体制机制，强化预案更新和演习演练，提升深远海及长江等内河搜救能力。加快推进航海保障基础设施和服务能力建设，推动海事监管和航海保障一体化融合发展。推进现代化专业救捞体系建设，优化区域性救助基地功能，合理配置救助打捞、溢油和危化品处置等设施设备，提升重点地区、重点水域、重点环节的应急救助能力。

（六）推进水运绿色发展

统筹推进绿色船舶、绿色港口、绿色航道、绿色运输组织，构建绿色低碳循环发展长效机制，到2035年水运绿色发展整体达到国际先进水平。加强资源集约利用和生态保护，严格管控港口岸线利用，加大非法码头整治和老港区改造力度，综合利用疏浚土、施工材料和废旧材料。打好污染防治攻坚战，全面推行船舶污染物接收转运处置联单制度和联合监管制度，建设集岸电、污染物接收等服务于一体的水上绿色航运综合服务区，港口和船舶污染防治设施良好运行，有效实施船舶排放控制区政策；强化节能减排，加强港航节能环保设备、工艺的应用。构建清洁低碳的水运用能体系，完善港口LNG加注、充电桩、岸电标准规范和供应服务体系，积极发展纯电力、燃料电池等动力船舶，港口主要作业机械和车辆加快实现清洁化，协同推进、大力提升船舶靠港使用岸电率。

（七）促进高水平对外开放和交流合作

统筹国际国内两个大局，完善干支直达、江海沟通、面向全球的水运服务网络，共建21世纪海上丝绸之路，发挥水运的主力军和排头兵作用，打造全面深化改革开放的新标杆。通过设点、连线、成网、布局，强化港口与综合运输大通道的衔接，加强硬联通和软联通，积极推进海上互联互通，维护国际海运重要通道的安全与畅通；加强水运与中欧班列、西部陆海新通道、中欧陆海快线等的衔接，推动形成陆海内外联动、东西双向互济的开放格局。坚持"引进来"和"走出去"并重，不断优化外商投资我国水运业的发展环境;鼓励我国企业积极参与港航投资、建设、运营和全球布局,打造中国水运品牌,形成若干个具有核心竞争力的品牌海运企业、全球港口建设和运营商。加强交流互鉴与国际合作,积极参与国际海运事务,深度参与全球海运标准、规则制定,提升水运行业国际影响力和话语权,为全球水运治理提供"中国智慧"。

(八)加强人才队伍建设

以人才为第一资源,完善人才培养、评价、使用、激励、保障措施,着力建设门类齐全、结构合理、作风优良的高素质专业化队伍。完善船员教育培训体系、考试制度和职业晋升通道,稳定和优化船员队伍;以持证人员、一线人员为重点,开展技能竞赛、技能鉴定、专业培训等,实施从业人员安全素质提升工程。依托建设世界一流海事院校和学科、国际一流船级社、新型智库,加强水运专业人才、科技人才培养,打造一批具有国际水平的科技领军人才、青年科技人才和高水平创新团队。结合地方交通运输机构改革和综合行政执法改革,加强水运执法队伍、管理人员队伍建设。

(九)推进治理体系和治理能力现代化

建立健全与高质量发展相适应的法规政策标准体系、管理体制机制,着力提升治理能力。以《海上交通安全法》《中华人民共和国港口法》《中华人民共和国航道法》《中华人民共和国海商法》为龙头,相关条例规章相配套,形成架构科学、布局合理、门类齐全、相互衔接的水运法规体系。以安全、绿色、智慧为重点,完善水运建设、服务、安全等标准体系。深化"放管服"改革,推进政务服务"一网通办",构建统一开放、竞争有序的现代水运市场体系;加强互联网监管和非现场执法监管,建立以"双随机、一公开"为基本手段,以重点监管为补充,以信用监管为基础的新型监管机制。建立实施水运高质量发展指标体系,加强目标导向和评价考核,发挥指挥棒作用,推动水运发展由追求规模速度向更加注重质量效益转变,由依靠传统要素驱动向更加注重创新驱动转变。充分发挥行业协会、联盟、航运交易服务机构等组织的桥梁纽带作用,加强行业自律。